Écrire l'histoire de sa famille

Groupe Eyrolles
61, bd Saint-Germain
75240 Paris cedex 05

www.editions-eyrolles.com

Pour joindre l'auteur : helene.soula@lefil-editions.fr

Dans la même collection :
A. Bellet, *Écrire un roman policier*
C. Berrou, *Écrire un one man show et monter sur scène*
J. Carpentier, *L'Écriture créative*
F. Haro, *Écrire un scénario pour le cinéma*
P. Jusseaux, *Écrire un discours*
B. Mayer, *Écrire un roman et se faire publier*
M. Mazars, *Écrire ses mémoires*
E. Plantier, *Animer un atelier d'écriture pour tous*
M. Pochard, *Écrire une nouvelle*
M. Ressi, *Écrire pour le théâtre*
F. Stachak, *Écrire – Un plaisir à la portée de tous*
F. Stachak, *Écrire pour la jeunesse*

Hélène Soula

Écrire l'histoire de sa famille

EYROLLES

À mon père,
par qui ce livre est arrivé.

Sommaire

Introduction

Vous avez à cœur d'écrire l'histoire de votre famille, cela vous trotte dans la tête depuis un moment déjà... mais vous ne savez pas très bien comment aborder ce projet. Peut-être même vous semble-t-il insurmontable ? Alors, ce livre est pour vous !

Conçu comme un guide pratique, il vous accompagnera tout au long de votre parcours, sur ce chemin passionnant – mais parfois difficile – qu'est la rédaction de l'histoire familiale.

Cet ouvrage répond à toutes vos questions : par quoi commencer ? Comment compléter mes informations ? Quel point de vue adopter ? Comment ne pas me disperser ? Que puis-je dire sur mes ancêtres lointains ? Pourrai-je tout raconter ?... Il vous livre une méthode pour mener à terme votre projet, ainsi que de nombreux exemples et des amorces d'écriture. Vous y trouverez aussi les conseils, les pistes et les astuces tirés de l'expérience de l'auteur.

Sortez des placards vos vieilles photos, vos archives, vos souvenirs et ceux de vos proches, et mettez-vous à l'ouvrage !

1

Du désir à la décision d'écrire

Si vous avez acheté ce livre, c'est sans doute que vous éprouvez le désir d'écrire l'histoire de votre famille. Mais peut-être hésitez-vous encore à passer à l'action ?

Ce qui vous stimule

Quelles sont les différentes motivations qui peuvent vous animer ?

Vous conservez et transmettez la mémoire de vos ancêtres

En écrivant l'histoire de votre famille, vous faites revivre celles et ceux qui vous ont précédé dans la lignée familiale. Ce faisant, vous les inscrivez dans la postérité et leur existence ne tombera pas dans l'oubli. Vous donnez même un écrin à cette mémoire, tel un précieux coffret comme nos aïeux en possédaient pour conserver leurs petits ou grands trésors.

La mémoire de vos ancêtres est inscrite dans un document synthétique, et non plus éparpillée dans de multiples cahiers, classeurs, fichiers ou dans la mémoire de plusieurs personnes elles-mêmes amenées à disparaître.

Si vous avez réalisé des recherches généalogiques, les ancêtres que vous avez exhumés après de longues heures de travail ne retourneront pas dans l'ombre d'où vous les avez sortis. Vous n'aurez pas travaillé pour rien.

En écrivant ce que vous savez, vous pouvez également dévoiler certains pans méconnus de l'histoire familiale, mettre fin à certains mythes ou rétablir des vérités, même si la prudence s'impose parfois (voir page 71).

La transmission est l'une des principales motivations pour écrire sur sa propre famille. Même si nous avons parfois l'impression que nos descendants n'ont que faire de ceux qui ont vécu avant eux, nous pouvons parier sur le fait que l'un d'eux s'y intéressera un jour ou l'autre. Il pourra même poursuivre ce que nous avons commencé et lui avons transmis.

En écrivant l'histoire de votre famille, vous transmettez non seulement la mémoire de vos ancêtres, mais aussi tout un patrimoine immatériel, culturel au sens large (des valeurs, une façon de voir la vie, des usages qui perdurent, des recettes de cuisine…), tout aussi important – voire plus – que le patrimoine matériel.

Vous faites revivre vos ancêtres

En écrivant l'histoire de votre famille, vous redonnez de la vie à ceux qui ne sont plus, vous « rendez les morts vivants ». En écrivant leur histoire, vous luttez contre la disparition et l'oubli.

Votre grand-mère que vous aimiez tant, la voici se ranimant sous votre plume, grâce à vous ! Quel plus bel hommage pourriez-vous lui rendre, à condition, bien sûr, de respecter ce qu'elle fut. Et quel plaisir de passer encore du temps à ses côtés, malgré l'absence.

Quel plaisir également de côtoyer, de partager quelque chose avec ceux que vous n'avez pas connus.

À vos lointains ancêtres, vous redonnez de la chair. Car si vous connaissez leur nom, les dates importantes de leur existence, les lieux où ils ont vécu, cela ne suffit pas. L'arbre généalogique n'est qu'un

4

début : ce matériau un peu froid et abstrait ne dit finalement pas grand-chose de vos ancêtres. Il vous faut aller plus loin et retracer l'histoire de vos prédécesseurs en la replaçant dans son contexte, en lui donnant du sens. Car ce qui vous intéresse, finalement, n'est-ce pas de savoir comment ces personnes vivaient ? Vous avez pris plaisir à faire vos recherches, vous vous êtes passionné pour cette enquête palpitante et parfois pleine de rebondissements ; après le temps de la recherche et de l'analyse, voici venu le moment de présenter vos travaux. Écrire l'histoire familiale vous permet de donner des feuilles, des fleurs et des fruits à votre arbre. C'est ce qui intéressera vos lecteurs.

Vous faites plaisir à vos proches, vous les intéressez

Vous trouverez dans cet ouvrage des pistes pour parler de vos ancêtres de façon vivante, claire et agréable. L'expérience montre qu'avec un tel document, même ceux qui paraissent ne pas s'intéresser à l'histoire de leur famille, ou qui l'envisagent d'un œil lointain et poli, verront les choses sous un autre angle et leur curiosité s'éveillera peut-être. De tels retournements de situation ont même été observés avec des personnes qui ne lisent généralement pas !

Si vous avez fait des recherches généalogiques, il se pourrait que vos lecteurs connaissent le même plaisir que celui que vous avez ressenti en découvrant vos racines ; ils vont se saisir de tout un pan de leur histoire.

Vous créez des liens

Lorsque vous diffuserez votre texte, vos proches vous poseront des questions. Des échanges vont se créer. Pourra alors se mettre en place une véritable communication, que l'on ne prend pas toujours le temps d'instaurer. Le livre de famille permet à tous de se retrouver autour d'une histoire et d'ancêtres communs que vous faites revivre. Ceci a pour effet de resserrer les liens, de renforcer les solidarités entre générations et branches, ce qui est d'autant plus bénéfique que les familles sont souvent dispersées. C'est aussi le principe des cousinades. Vous pourrez d'ailleurs organiser un tel événement familial, pour donner à chacun un exemplaire de votre travail. Par là même, vous permettrez à des cousins éloignés de faire connaissance et initierez un partage qui pourra se prolonger.

Vous offrez des racines et des repères à vos descendants

Les familles sont de plus en plus souvent éclatées ou recomposées, dispersées sur le plan géographique. Or, les enfants ont besoin de se repérer, de situer les uns et les autres pour pouvoir se situer eux-mêmes et, ainsi, se faire une place dans la famille et dans la vie.

Les professeurs des écoles demandent de plus en plus souvent à leurs élèves de constituer un petit arbre généalogique : ce n'est pas pour rien ! La connaissance de ses propres racines est un socle, une base qui permet aux enfants de se développer solidement. Mais là encore, l'arbre n'est que le prélude à une connaissance plus profonde de l'histoire familiale. Par leurs questions (« C'était comment quand tu avais mon âge ? », « Tu as connu la guerre ? », « C'était comment à l'école ? », « Tu regardais quoi à la télé ? »...), nos enfants nous montrent qu'ils aiment connaître le mode de vie de ceux qui les ont précédés, qu'ils s'intéressent à leur caractère. Ce savoir leur permet de mieux comprendre l'époque dans laquelle ils vivent et de mieux se connaître.

Mais le besoin de se situer dans la famille peut émerger à tout âge : à l'occasion d'un événement marquant (une naissance ou un décès, par exemple) ou de difficultés, ou bien pour combler un manque de longue date. « Savoir d'où l'on vient aide à mieux savoir où l'on va » : cette expression éculée reste vraie. Trouver sa place dans une lignée est un besoin fondamental auquel vous pouvez répondre. Il est important de transmettre ce que vous connaissez.

« C'est toujours intéressant de connaître les vies des générations avant nous, pour connaître l'évolution qu'il y a eue à tous les niveaux.[1] *»*

Vous vous faites du bien

Vous-même ressentirez sans doute les bienfaits de votre entreprise d'écriture. Il pourra s'agir d'éprouver un sentiment sécurisant d'appartenance, de réparer une sensation de dette envers vos ancêtres, d'acquérir une légitimité au sein de votre famille actuelle, de mieux vous comprendre…

En faisant des recherches sur votre famille, vous prenez conscience de faire partie d'une lignée, vous vous situez dans la longue histoire. Peut-être cela apaise-t-il le sentiment de solitude fondamentale que connaît chaque être humain ? Parfois, ces investigations vous donnent des réponses à certaines questions, éclaircissent des points obscurs qui vous entravent. Cette démarche peut prendre mauvaise tournure chez quelques personnes fragilisées. Mais dans la grande majorité des cas, elle vous construit et vous apporte une incomparable force intérieure.

En formalisant par écrit ce que vous connaissez, vous continuez d'apprendre sur vos ascendants et sur vous-même, percevez peut-être, entre leur histoire et la vôtre, des correspondances et des différences que vous n'aviez pas remarquées jusque-là.

Paradoxalement, tout en vous consacrant à l'écriture de votre histoire familiale, vous prenez de la distance par rapport à elle. Ainsi, vous pourrez trouver et occuper toute votre place.

Vous vous faites plaisir

Écrire l'histoire de votre famille est une aventure au cours de laquelle, comme pour toutes les aventures, vous prendrez de la peine. Mais l'intérêt et les bénéfices que vous en retirerez dépasseront les doutes,

---

1. Ethan, 12 ans, dans l'émission *Les Passagers de la nuit* diffusée sur France Culture le 14 juillet 2011.

les difficultés, le découragement que vous ressentirez parfois. Ne baissez pas les bras ! La satisfaction n'en sera que plus grande.

Mais ne noircissons pas le tableau, car vous prendrez aussi du plaisir. Et même toutes sortes de plaisirs :

- côtoyer, passer du temps avec des êtres qui vous sont chers, ceux qui vous ont précédé comme ceux à qui vous vous adresserez à travers votre texte ;
- reconstituer un monde, faire vivre des personnages ;
- acquérir des connaissances, notamment en histoire ;
- partager et transmettre ce que vous savez ;
- raconter une histoire ;
- consacrer du temps à une œuvre utile et créative ;
- vous inscrire dans un projet, construire, élaborer, voir progresser votre tâche jusqu'au résultat final ;
- vous retrouver chaque jour dans une tendre bulle, dans un temps à vous, hors des préoccupations quotidiennes ;
- vous évader dans le temps, parfois dans l'espace ;
- écrire, bien sûr. Ce plaisir, c'est celui d'être emporté par le courant des mots et des phrases, de jouer avec le langage, de s'amuser à faire sourire le lecteur... Il vous faudra trouver cette joie si vous ne la connaissez pas encore, grâce à un atelier d'écriture par exemple : sans plaisir d'écriture, il ne peut y avoir plaisir de lecture.

Finalement, vous ferez ce livre à la fois pour vous, pour vos ancêtres et pour vos descendants. C'est un travail qui restera, dont vous pourrez être fier et dont toute la famille vous sera reconnaissante. Quoi de plus gratifiant ! Loin de signer une fin, votre texte sera fondateur pour l'histoire et la vie de la famille.

Alors, pourquoi attendre ?

Ce qui vous freine

Si vous avez ce livre entre les mains, c'est sûrement que vous voulez concrétiser votre projet. Mais il n'est pas inutile d'examiner de plus près ce qui peut vous empêcher de passer à l'action.

Alain André, écrivain et animateur d'ateliers d'écriture, nous rappelle que *« de nombreuses recherches ont mis en évidence que la peur est la caractéristique la plus saillante du rapport qu'entretiennent les adultes avec l'écriture*[1] *».*

« Je ne sais pas comment m'y prendre »

Pour nombre d'entre vous, c'est le principal frein. Ce livre est précisément fait pour vous aider à dépasser la peur de l'inconnu et vous guider.

« Je ne sais pas écrire/Je n'ai pas de style »

Vous n'avez pas besoin d'être un grand écrivain pour retracer la vie de vos ancêtres.

L'écriture fait invariablement appel à des souvenirs scolaires plus ou moins agréables. Vous faites peut-être partie de ceux qui ont mal vécu l'exigence scolaire du « bien écrire », du « bon style », de la correction grammaticale et orthographique. Conjugaisons à apprendre par cœur, règles obscures, copies annotées à l'encre rouge, coups de règle sur les doigts, peur de la mauvaise note…

La crainte de ne pas satisfaire aux critères scolaires peut nous inhiber : nous partons du principe que nous ne savons pas écrire, que nous n'avons pas de style ou que celui-ci est sans valeur. Nous avons des présupposés sur la façon dont nous devrions rédiger, sur le modèle auquel nous voudrions ressembler et le style que nous aimerions avoir. Abandonnons nos idées reçues, et ouvrons-nous plutôt à ce que nous pouvons réaliser.

---

1. Alain André, *Devenir écrivain*, Leduc.s éditions, 2007, p. 43.

En ce qui concerne l'orthographe et la grammaire, vous en oublierez les règles pendant la rédaction du premier jet. Vous vous concentrerez uniquement sur ce que vous voulez dire, et ne commencerez à vous intéresser à la forme que lorsque vous vous relirez.

Quant au style, il repose sur les mots que nous utilisons et sur l'agencement des phrases (la syntaxe, le rythme). Or, ces choix découlent de notre manière particulière de ressentir ou de penser. Comme nos empreintes, notre visage ou notre voix, notre style est unique. Inutile, donc, de vouloir en imiter un. En revanche, seule une pratique régulière permet d'acquérir et de développer son propre style. Vous pouvez améliorer le vôtre avant même de commencer à écrire votre livre de famille (voir pp. 29-30).

Le style n'a rien à voir avec le bon usage de la grammaire et de l'orthographe, avec le « bien écrire » que l'école a voulu nous transmettre. Le « bien écrire », ce n'est pas le style authentique. Plus encore, le style véritable fait souvent fi de ces règles.

Ne cherchez pas à épater vos lecteurs, ni à être original. Écrivez de la façon qui vous est personnelle et singulière.

De toute façon, nous considérons que le style et la langue sont, dans le projet qui vous occupe, le moyen de délivrer des informations et non un but en soi. Pour nous, le fait d'être compris et lu avec intérêt prime sur la valeur littéraire d'une chronique familiale destinée au cercle des proches. Nous verrons dans les chapitres 7 et 8 comment améliorer votre manuscrit. En attendant, laissez parler votre voix, vos lecteurs auront plaisir à l'entendre.

Quelques définitions du style...

« Le style n'est nullement un enjolivement comme croient certaines personnes, ce n'est même pas une question de technique, c'est — comme la couleur chez les peintres — une qualité de la vision, la révélation de l'univers particulier que chacun de nous voit, et que ne voient pas les autres.[1] *»*

---

1. Marcel Proust, *Lettres de Marcel Proust à Bibesco*, Guide du livre, 1949.

Pour Charles Maccio, le style « *est la manière d'utiliser les moyens d'expression du langage pour communiquer avec autrui, de façon personnelle. {…} Le choix des mots et des tournures de phrase, la recherche de certaines harmonies, de certains rythmes, constituent le style. C'est l'expression du tempérament, de la personnalité originale de l'écrivain*[1] ».

« Je n'en ai pas le droit »

Cette phrase peut cacher la crainte de ne pas être légitime sur le plan social et culturel. Si votre famille n'a jamais valorisé l'écriture, vous pouvez éprouver un sentiment de traîtrise, de culpabilité ou d'imposture.

Si vous craignez de vous distinguer au sein de votre famille, de déranger en exprimant votre singularité, d'être moqué, restez convaincu du bien-fondé de votre projet et campez sur vos positions. Appuyez-vous également sur des proches qui sauront vous prodiguer les encouragements et la reconnaissance dont nous avons tous besoin. Et n'en doutez pas : les remarques plus ou moins désobligeantes que vous entendrez peut-être cacheront admiration et reconnaissance.

Écrire, c'est aussi parfois transgresser la loi du silence, les tabous, briser certains secrets de famille (sur les secrets qui cachent des faits graves, voir p. 71). La décision de franchir le pas ne se prend pas à la légère, mais elle pourra représenter une étape libératrice, pour vous comme pour vos lecteurs.

Enfin, vous pouvez estimer que vous allez « voler » la vie de vos ancêtres. Cette vie, qui n'appartient effectivement qu'à eux, vous la restituerez bien au contraire, avec tout le respect qui s'impose.

« Je n'ai pas grand-chose à dire »

Si vous voulez raconter le passé de votre famille, c'est, *a priori*, que vous estimez avoir des choses à dire.

---

1. Charles Maccio, *Savoir écrire un livre, un rapport, un mémoire*, Chronique sociale, 5ᵉ éd., 2007, pp. 82 et 84.

Rappelons, à toutes fins utiles, que la valeur de votre texte ne dépendra en rien de sa longueur. Vous n'êtes pas obligé d'écrire une saga en trois volumes de 500 pages chacun ! Quelques dizaines de pages pourront suffire.

Cela étant, les informations dont vous disposez peuvent vous paraître pauvres. Vous doutez que la vie de vos ascendants présente un intérêt capable de retenir l'attention. Cela veut-il dire sans aventures rocambolesques, sans éclats ou exploits dignes de figurer dans les journaux, sans mariages éclatants, sans inventions particulières ? Sans rien qui ait marqué la « grande » histoire ? Des vies ordinaires somme toute, comme nous en menons tous une. Et pourtant, notre existence est-elle si inintéressante que cela ?

Si vous avez fait des recherches généalogiques, il vous semble peut-être n'avoir rien d'autre à écrire que des noms, des dates, des lieux, quelques bribes d'information qui vous seront apparues à travers des documents d'archives. « Mes ancêtres étaient de pauvres paysans qui n'ont rien vécu de particulier. Je ne sais rien d'eux et je ne sais pas broder ! » Nous verrons dans le chapitre 4 qu'en exploitant ce que vous savez déjà et en approfondissant certains aspects, vous pouvez faire revivre vos ancêtres méconnus.

Mais derrière cette impression de n'avoir « rien à dire », se cache peut-être la peur que votre démarche elle-même soit jugée inintéressante. Lorsque vous aurez davantage précisé votre projet (voir chapitre 3), examinez la situation avec objectivité : ce que vous voulez écrire ne mérite-t-il vraiment pas d'être transmis ?

« Ce ne sera jamais aussi bien que ce que je voudrais »

Souhaiter, de façon plus ou moins avouée, réaliser une œuvre extraordinaire est un moteur autant qu'une entrave à notre désir d'écrire. Nous préférons parfois ne rien faire plutôt que de décevoir notre attente ou celle des autres, réelle ou supposée. Envisagez votre perfectionnisme et, si vous le souhaitez, remettez-le en question.

Répétons-le : laissez choir les préjugés sur ce que vous devriez écrire, sur l'auteur que vous voudriez être. Ouvrez-vous à qui vous êtes et concentrez-vous sur votre projet : transmettre vos connaissances sur le passé familial. Votre texte ne sera sans doute pas l'œuvre du siècle, n'atteindra pas les sommets de l'excellence ; il sera juste bien. Cela remet-il en cause vos qualités et votre valeur en tant que personne ?

En écrivant votre texte imparfait, vous serez allé au bout de votre projet en dépassant vos peurs : cela, c'est extraordinaire !

« C'est trop dur »

Ne nous cachons pas qu'écrire peut être difficile et parfois décourageant, y compris pour ceux dont c'est le métier. Si vous décidez d'accepter ces difficultés, d'en prendre votre parti, vous travaillerez malgré elles. Une des parades réside dans la régularité avec laquelle vous écrirez. Plus vous écrirez souvent, plus les mots viendront facilement. Écrire régulièrement est le moyen d'atteindre votre but, si vous le souhaitez vraiment.

Là encore, concentrez-vous sur votre objectif, sur tous les bénéfices que vous pouvez tirer de son accomplissement et sur ce que vous offrirez à vos proches. Cherchez et accrochez-vous à ce qui vous procure le plus de plaisir (voir liste p. 15).

Et si vous rencontrez malgré tout des moments de blocage, ce sera l'occasion de tester les astuces présentées à partir de la page 120.

« Je n'ai pas le temps/Ce n'est pas le bon moment »

Certes, il est des âges où nous ne jouissons pas d'une grande latitude dans notre emploi du temps. Mais vous n'êtes en rien obligé de consacrer vos journées à l'écriture de l'histoire familiale. Une demi-heure par jour suffira ! Si vous ne voulez pas que votre projet reste à l'état de fantasme, vous trouverez ces quelques minutes.

Nous avons tous la faculté, à des degrés divers, de remettre au lendemain ce que nous devons ou rêvons de faire. Nous attendons le « bon » moment : le congé sabbatique, la retraite, « plus tard » en tout cas.

Vous estimez peut-être aussi que pour écrire le passé, vous devez avoir atteint un âge canonique ou, du moins, de grande sagesse. Pourquoi cette représentation du vieillard chenu écrivant les temps anciens d'une main tremblante ? Y a-t-il un âge requis pour réaliser son rêve d'écriture ? Pour profiter et faire profiter des bienfaits que nous avons évoqués dans les pages précédentes ?

La seule chose qui compte est que vous en ressentiez l'envie ou le besoin, quel que soit le moment de votre vie.

En outre, profitez de celles et ceux qui sont encore là pour vous donner de précieuses informations… et pour leur offrir en retour le fruit de votre entreprise. Dans ce domaine, trop de regrets peuvent ensuite nous hanter : évitons-les autant que possible.

Ne négligez pas non plus le fait que plus vous laisserez passer les années, plus cette tâche sera difficile. Et c'est ainsi que « par la rue "Plus tard", on arrive à la place "Jamais" », comme nous le rappelle un proverbe espagnol…

« J'attends d'avoir avancé dans ma généalogie. » Si vous avez réellement bon espoir de remonter encore votre ascendance directe, cet argument est recevable ; si cet espoir est mince et que vous connaissez l'essentiel, vous pouvez commencer à exploiter ce que vous savez déjà (ce qui ne vous empêche nullement de poursuivre vos recherches !). Un arbre généalogique n'a aucune limite ; un texte, si. Vous ne pouvez donc raisonnablement espérer tout y dire de votre famille, ni y évoquer l'intégralité des ascendants que vous connaissez. Nous touchons là à un point essentiel : vous devrez faire des choix (voir chapitre 3). Et puis, rassurez-vous : écrire noir sur blanc n'est pas graver dans le marbre ; il vous sera toujours possible d'actualiser votre document en cas de découverte majeure.

Oui, l'histoire d'une famille est toujours en marche. Est-ce une raison pour renoncer ? Imaginez que les chercheurs attendent d'avoir tout trouvé, que plus aucune découverte ne soit à venir. Alors, nous n'aurions jamais pu lire le moindre texte de vulgarisation !

L'écriture vous appartient

Écrire, c'est toujours prendre un risque, et le plaisir que l'on peut prendre à cette activité s'accompagne de craintes (celle d'être jugé, surtout). Reste que si l'écriture fait peur, elle appartient à tous.

Qu'en est-il de vos freins ? Les identifier, en prendre pleinement conscience vous permettra de les dépasser et d'oser réaliser ce qui vous tient à cœur.

Réfléchissez aussi à ce qui vous motive le plus. Essayez d'identifier les valeurs positives qui se trouvent derrière : celles auxquelles vous aspirez dans la vie et qui vous poussent à agir.

Voici une courte liste de valeurs positives. N'hésitez pas à la compléter !

Passion	Modestie	Honnêteté
Nouveauté	Paix	Sécurité
Travail rigoureux	Pouvoir	Sens
Reconnaissance	Justice	Courage
Aventure	Tradition	Détente
Attachement	Pardon	Spiritualité
Transcendance	Curiosité	Communication
Perfection	Altruisme	Appartenance
Respect	Estime	Espoir
Lien avec les autres	Objectivité	Amour
Excellence	Énergie	Imagination
Originalité	Communauté	Persévérance
Plaisir	Indépendance	

2

Se mettre à l'ouvrage : votre préparation

Ça y est, vous avez fermement décidé de passer à l'action. Pour autant, ne vous lancez pas bille en tête : prenez le temps de vous préparer. Cette phase vous permet de démarrer votre projet en douceur et de l'installer dans votre quotidien. Les étapes suivantes s'enchaîneront alors plus facilement.

Cette préparation vous fera également gagner du temps pour la suite de votre travail et vous soutiendra lorsque viendront les doutes et les blocages. Une bonne organisation matérielle compensera le vertige de l'esprit qui vous saisira peut-être !

L'organisation de votre temps

Une mauvaise gestion du temps est à l'origine de nombreux renoncements, en écriture comme ailleurs. Tâchons d'éviter cet écueil.

Quand est-ce qu'on arrive ?

Comme pour tout projet d'une certaine ampleur, et qui peut sembler inabordable si l'on n'en voit que la masse, vous gagnerez à décomposer votre travail en plusieurs tâches plus courtes. Pour cela, vous pouvez vous appuyer sur les chapitres de ce livre. Envisagée comme une succession d'étapes, votre entreprise vous apparaîtra sous un jour beaucoup plus favorable ; vous vous sentirez plus léger ! Vous démarrerez plus facilement. Ensuite, accrochez-vous à votre projet et à vos motivations profondes. Persévérez et votre texte prendra forme peu à peu, jusqu'à son aboutissement final.

Mais prenez garde : comme nous le rappelle la loi de Parkinson, le travail a tendance à se dilater pour remplir tout le temps disponible. Vous devez donc, pour chaque tâche, vous fixer des objectifs de temps relativement courts. Vous ne serez pas obligé de les suivre absolument, mais ils vous donneront des repères et vous aideront à garder le cap sans vous décourager.

Quelles sont ces différentes étapes qui jalonneront votre projet ? Quelle sera leur durée ?

Les différentes étapes de votre projet[1]

Étapes	Durée (en mois)[2]
Vous préparer (vous y êtes déjà !)	$^1/_2$
Préciser votre sujet	$^1/_2$
Chercher les informations manquantes, vous documenter	2
Construire le plan	1
Écrire le premier jet	3
Améliorer votre texte (« second jet »)	2
Oublier le texte et le laisser reposer	1
Peaufiner votre manuscrit (« finitions »)	1
Total	**11**

Comptez entre 8 et 18 mois au total pour savourer votre œuvre.

---

1. D'après Pierre-Yves Beauchant, *Le Guide de l'auteur amateur*, Eyrolles, 1994. Chacune des étapes présentées ici fait l'objet d'un chapitre.
2. La durée de chaque étape dépend de votre situation personnelle : quantité d'informations qu'il vous reste à collecter, disponibilité, expérience d'écriture, longueur de votre texte…

Quoi qu'il en soit, ne soyez pas impatient. Il serait dommage que vous laissiez tomber après avoir accompli le plus difficile (c'est-à-dire le premier jet) ; il serait tout aussi dommage que vous renonciez à ce travail sous prétexte que vous aimez que les choses aillent vite. Soyez persévérant et prenez le temps, vous n'en serez que plus heureux et fier une fois votre manuscrit entre les mains.

Inversement, évitez que les choses ne traînent trop en longueur. Vous finiriez par vous lasser et par abandonner alors que vous étiez bien parti !

Pour vous encourager, fixez-vous une échéance agréable (et raisonnable !) : rencontre familiale prévue, fête de Noël, anniversaire (pourquoi pas le vôtre ?)… Vous ne serez pas surpris d'apprendre que les habitants de l'hémisphère Nord écrivent plus facilement en automne et en hiver. Tenez-en compte !

Ensuite, réalisez un rétroplanning : en partant de la date à laquelle vous souhaitez que votre texte soit achevé, fixez les échéances nécessaires pour y parvenir.

Par exemple, si vous voulez offrir votre livre pour Noël :

- 1/12 : remettre les fichiers à l'imprimeur ;
- 28/11 : avoir fait une couverture ;
- 25/11 : avoir achevé toutes les corrections,
- etc.

Pour ce faire, tenez compte de votre rapidité d'écriture et du temps que vous pourrez y consacrer.

Tous les mois, vous ferez le point sur l'avancement de votre travail. Si besoin, vous modifierez votre planning en conséquence. Et quand vous atteignez vos objectifs, ne négligez surtout pas de vous féliciter !

Votre emploi du temps

Il y a ceux qui ont besoin de travailler un peu chaque jour, d'autres qui ne peuvent avancer qu'en se plongeant dans un travail sans lever le nez pendant plusieurs jours, d'autres encore qui ne peuvent travailler que dans l'urgence…

Sachez toutefois qu'en matière d'écriture, la pratique quotidienne est la plus efficace :

- vous gagnerez beaucoup de temps, car vous n'aurez pas besoin de vous imprégner à chaque fois de votre sujet ;

- la continuité de votre texte sera meilleure. Par exemple, vous ne rédigerez pas plusieurs fois le même passage sans vous en apercevoir ;

- plus vous écrirez régulièrement, plus vous rédigerez avec facilité et plus votre style s'améliorera. L'acte d'écrire est souvent comparé à un sport, à un muscle qu'il faut faire travailler chaque jour ; sinon, il s'atrophie et la difficulté est grande quand on veut s'y remettre.

Vous pouvez décider de consacrer un quart d'heure ou une demi-heure par jour à votre livre de famille. Les moments où l'on écrit le mieux sont généralement le matin tôt, quand le monde extérieur n'a pas encore envahi notre pensée, ou le soir, au calme. Si vous voulez vraiment écrire votre histoire familiale, vous trouverez ce moment. Pour cela, vous ferez l'impasse sur une émission de télé ou passerez moins de temps sur Internet, par exemple. Tout est affaire de choix !

Si vous ne pouvez vraiment pas écrire chaque jour, retenez en tout cas le principe de la régularité. Réservez une plage horaire fixe pour votre projet, en planifiant ce que vous allez écrire : vous pourrez ainsi vous mettre rapidement au travail.

Bien vite, vous ressentirez les bienfaits d'un temps d'écriture régulier et sanctuarisé. Vous aurez même du mal à vous en passer.

Votre espace de travail

L'inconfort matériel peut être un bon alibi pour reporter sans cesse un projet ou l'abandonner à la première difficulté.

Inversement, quoi de plus agréable que de travailler dans un environnement confortable, où vous vous retrouvez avec plaisir.

Consacrez donc un peu de temps à aménager un espace fonctionnel et dans lequel vous vous sentez bien.

Si vous en avez la possibilité, veillez notamment à disposer d'une table ou d'un bureau particulier ; évitez la table de la cuisine, qu'il vous faudra sans cesse débarrasser et où vous pourrez être dérangé.

Votre surface de travail doit être assez grande pour que, au moment où vous écrirez, vous puissiez y étaler votre documentation. Mais faites place nette régulièrement ! Sinon, vous risquez de vous retrouver noyé sous les feuilles volantes, chemises et autres paperasses : agaçant et désespérant !

D'une manière générale, ne conservez sur votre bureau que ce qui est utile à votre projet : vous aurez l'esprit plus clair et plus concentré.

En revanche, gardez toujours sous les yeux votre planning et le sommaire de votre livre en devenir (voir chapitre 5).

Le confort de votre siège est également important. Ménagez votre dos !

Enfin, si travailler chez vous est difficile pour une raison ou pour une autre, y a-t-il une bibliothèque proche de votre domicile ? Vous trouverez peut-être votre bonheur dans cette atmosphère calme et studieuse.

Votre documentation

Rassemblez toute la documentation dont vous disposez : papiers de famille, documents d'archives, notes, mais aussi articles, livres d'histoire (que celle-ci soit « petite » ou « grande », locale ou générale), pages Web, etc.

Faites le point sur vos connaissances et commencez à réfléchir au contenu précis de votre livre ; hiérarchisez les événements de l'histoire familiale, distinguez l'important du secondaire, notamment au regard de vos futurs lecteurs ; sélectionnez et retenez les documents les plus pertinents.

Classez rapidement et grossièrement votre documentation, par « personnage[1] », couple, thème ou période par exemple (vous répartirez plus finement ensuite, quand vous y verrez plus clair sur votre sujet et votre façon de l'organiser).

Prévoyez un espace spécifique pour ranger vos chemises cartonnées, carnets de notes, classeurs, etc. Cela vous évitera de perdre du temps et de vous agacer inutilement en recherchant les informations dont vous avez besoin.

Il en va de même pour vos fichiers informatiques et les pages ou sites Web que vous avez repérés. Consacrez un moment à les organiser, respectivement dans le dossier « Mes documents » de votre ordinateur et dans vos marque-pages (Favoris).

Ranger représente peut-être pour vous une perte de temps. Au contraire, cela vous en fera gagner beaucoup par la suite !

Bien évidemment, si vous trouvez de nouvelles informations en cours de travail, vous prendrez soin de tenir vos dossiers à jour.

Vos outils

Après le matériau, représenté par votre documentation, évoquons les outils qui vous seront utiles pour réaliser votre œuvre.

Un carnet de notes

Au début surtout, mais aussi tout au long de votre travail, informations, pensées, idées, souvenirs vous assailleront. Pour ne pas les oublier aussi vite qu'ils sont venus, vous devrez pouvoir les noter rapidement. Aussi, gardez en permanence un carnet avec vous.

De préférence, donc, il ne sera pas trop grand. En revanche, optez pour un carnet à spirale, que vous manierez plus facilement et dont

---

1. Nous utiliserons souvent ce mot pour évoquer celles et ceux dont vous parlerez dans votre texte. Il s'agit d'une commodité de langage, dans laquelle il ne faut voir aucune marque d'irrespect. Elle ne traduit pas non plus la volonté d'aborder vos ancêtres comme des personnages de roman.

vous pourrez arracher les pages au fur et à mesure, avant de les classer. Prenez bien soin, par conséquent, de ne noter qu'une idée par feuille !

L'informatique

L'équipement informatique s'étant développé, il y a de fortes chances pour que vous écriviez l'histoire de votre famille sur un ordinateur plutôt que sur du papier.

Le cahier présente l'avantage de conserver votre écriture manuscrite, ce qui lui confère une grande valeur sentimentale et émotionnelle. Ce support offre également une meilleure vue d'ensemble de votre travail : vous vous y repérez plus aisément qu'avec un fichier informatique.

En revanche, un ordinateur permet d'écrire plus vite et de corriger plus facilement. Si vous ne savez pas encore l'utiliser, soyez assuré que connaître le clavier et les bases d'un logiciel de traitement de texte[1] n'est ni long ni difficile. Beaucoup plus facile, en tout cas, que nombre d'autres choses que vous connaissez (la cuisine, le jardinage) et plus agréable que vous l'imaginez peut-être.

N'oubliez surtout pas de sauvegarder votre texte dès que vous l'avez modifié. En principe, une clé USB peut suffire.

Dans cette collection consacrée à l'écriture, la question des illustrations ne sera pas abordée. Disons simplement qu'un scanner vous permettra de numériser photos et autres documents. Optez pour un appareil dont vous pouvez choisir la résolution ; si vous voulez ensuite imprimer vos images, la résolution minimale est de 300 ppp (points par pouce, dpi en anglais).

Si vos documents sont très abîmés (couleurs, etc.) ou que vous voulez les recadrer, un logiciel de retouche d'image vous sera utile.

---

1. OpenOffice est gratuit et tout aussi performant qu'un logiciel payant. Vous pouvez le télécharger depuis le site officiel : http://fr.openoffice.org.

Enfin, investir dans une imprimante n'est pas vraiment nécessaire. Si vous pouvez retravailler votre texte à l'écran, vous n'aurez besoin que de quelques sorties papier. Il vous suffira alors de porter votre fichier, sur clé USB, à un reprographe de quartier.

Et les logiciels de généalogie ?

Si vous avez fait des recherches généalogiques, vous possédez peut-être un logiciel spécialisé. Lorsque vous travaillerez à votre livre de famille, il vous permettra d'accéder facilement à vos données et de réaliser des arbres.

Sa fonction « chronique familiale », s'il en possède une, peut aussi vous être utile. Celle-ci agrège en effet toutes les informations que vous avez saisies dans le logiciel. Ensuite, elle les intègre dans un fichier texte modifiable à volonté. Vous pourrez vous servir de ce fichier comme base, en gardant seulement les ancêtres dont vous souhaitez parler. Cela vous évitera de démarrer sur une page blanche et vous serez sûr de ne rien oublier (des données concernant un contrat de mariage, par exemple).

Si votre livre familial concerne un petit nombre de personnes (grands-parents, parents), un tel logiciel n'est pas indispensable.

Quelques livres utiles

N'hésitez pas à investir dans quelques ouvrages de référence, dont vous vous servirez surtout lors des phases de relecture (voir chapitres 7 et 8).

Vous y aurez recours pour améliorer votre expression : vocabulaire, syntaxe, orthographe, conjugaison… Autant d'éléments qui apporteront à votre texte clarté et élégance, pour vous donner toutes les chances d'être lu et compris jusqu'au bout.

Bibliographie sommaire[1]

Un dictionnaire maniable.

Un dictionnaire des difficultés de la langue française (par exemple, *Dictionnaire du français au quotidien*, coll. Larousse Pratique).

Un dictionnaire des synonymes (par exemple, *Dictionnaire des synonymes et nuances*, Le Robert).

Les incontournables Bescherelle : *La Grammaire pour tous*, *La Conjugaison pour tous* et *L'Orthographe pour tous*, Hatier.

Toute l'orthographe, *Toute la grammaire* et *Toute la conjugaison*, trois ouvrages écrits par Bénédicte Gaillard et Jean-Pierre Colignon, Albin Michel/Magnard, coll. « Les dicos d'or de Bernard Pivot ».

Les Règles typographiques, Imprimerie nationale.

Jean-Pierre Colignon, *Un point, c'est tout ! La ponctuation efficace*, Victoires éditions, 4ᵉ édition, 2011.

Lexique des règles typographiques en usage à l'Imprimerie nationale, Imprimerie nationale, 4ᵉ édition, 2008.

Outils en ligne

La Banque de dépannage linguistique est un outil offert par l'Office québécois de la langue française. « *En constante évolution, {elle} propose des réponses claires aux questions les plus fréquentes portant sur l'orthographe, la grammaire, la syntaxe, la ponctuation, le vocabulaire, la typographie, les sigles, abréviations et symboles, les noms propres, la prononciation, la rédaction et la communication.* » http://www.oqlf.gouv.qc.ca/ressources/bdl.html.

L'université de Caen a mis au point un dictionnaire des synonymes : http://www.crisco.unicaen.fr.

Pour la conjugaison et les grandes notions de grammaire : http://grammaire.reverso.net.

---

1. Vous trouverez d'autres références dans la bibliographie de fin d'ouvrage.

Voici trois exemples de confusion que ces outils vous éviteront.

« Alors qu'il faisait nuit, ma grand-mère me raconta qu'elle avait entendu les résistants larguer des munitions. » Cette phrase signifie-t-elle que les largages de munitions se sont produits pendant la nuit, ou qu'il faisait nuit quand la grand-mère de l'auteur lui a raconté cet événement ?

Une simple virgule peut changer le sens d'une phrase : *« Les lavandières, qui avaient beaucoup de travail, s'échangeaient les nouvelles du pays »* n'a pas du tout le même sens que : *« Les lavandières qui avaient beaucoup de travail s'échangeaient les nouvelles du pays. »* La seconde phrase signifie que seules les lavandières qui avaient beaucoup de travail s'échangeaient les nouvelles du pays... *« Tous les habitants parlent de la fête annuelle de ce village, qui était extraordinaire. »* Dans cette phrase, c'est la fête qui était extraordinaire. Si l'on avait voulu appliquer cet adjectif au village, on aurait écrit : *« Tous les habitants parlent de la fête annuelle de ce village qui était extraordinaire. »*

Quant aux accents, ils n'ont rien de superflu : *« Il a cru dans le bonheur »* a un tout autre sens que *« Il a crû dans le bonheur »* !

Lisez…

Des ouvrages racontant l'histoire d'une famille peuvent vous donner des idées sur ce que vous voudriez faire… ou ne pas faire. Repérez ce qui vous plaît dans ces textes, observez ce qui « marche » bien, décelez ce qui les rend agréables à lire, ennuyeux ou indigestes. Ces lectures vous permettront également d'enrichir votre vocabulaire, de vous frotter à différents styles. Si besoin, elles vont aideront à préciser votre projet (voir chapitre suivant).

Les livres que vous lirez ne doivent pas être des modèles à imiter, mais des moyens pour trouver votre propre voie/voix. Car c'est bien vous qui allez écrire ce texte et que vos lecteurs veulent entendre.

… et écrivez !

« Pas un jour sans une ligne », disaient les Anciens. Et si vous commenciez aujourd'hui ?

Un petit moment d'écriture quotidien assouplira votre écriture et vous mettra en jambes.

En guise d'échauffement, vous trouverez ci-dessous quelques propositions d'écriture.

Vous en découvrirez bien d'autres dans le formidable ouvrage de Faly Stachak, *Écrire, un plaisir à la portée de tous*[1], qui a inspiré certaines propositions du livre que vous avez entre les mains.

Vous connaissez sans doute les « *Je me souviens* » de Georges Perec : « *Je me souviens de l'époque où la mode était aux chemises noires* », « *Je me souviens des postes à galène* », etc. Après la mort de Georges Perec, son ami Harry Mathews lui a consacré un ouvrage bâti sur le même modèle :

« Je me souviens avoir demandé à Georges Perec, fana de vélo dans le passé, pourquoi il était tellement plus facile de maintenir sa vitesse quand on était "dans la roue" d'un autre coureur. Y avait-il une explication mécanique, ou psychologique, ou les deux à la fois ? Il répondit qu'il n'y avait rien à expliquer — on comprenait la chose ou on ne la comprenait pas.

Je me souviens qu'à notre dernier déjeuner, Georges Perec me pria de ne pas fumer. Il avait renoncé au tabac quelques jours auparavant et voulait éviter toute tentation.

Je me souviens que Georges Perec disait qu'une tartine beurrée était la meilleure chose au monde. Son petit déjeuner comportait d'habitude une tartine et du café au lait.

Je me souviens qu'en descendant d'un autobus au Trocadéro, un petit sourire aux lèvres, Georges Perec laissa tomber avec ostentation son ticket sur le trottoir. À ce jour, je n'ai pas encore compris où il voulait en venir.

Je me souviens de n'avoir jamais vu Georges Perec lire un journal, mais qu'il était au courant de tout[2]. *»*

Quels « je me souviens » pourriez-vous ainsi écrire sur un parent dont vous voulez parler dans votre livre ?

20'.

---

1. Faly Stachak, *Écrire, un plaisir à la portée de tous. 350 techniques d'écriture créative*, Eyrolles, 2004.
2. Harry Mathews, *Le Verger*, P.O.L.,1986.

Avez-vous réalisé que l'écriture de votre livre de famille ferait appel à vos cinq sens ? Ils donneront du réalisme à vos descriptions, vous aideront à faire revivre (dans votre esprit et sous votre plume) celles et ceux que vous avez connus…

Complétez en quelques mots :

– en écrivant l'histoire de ma famille, je verrai…

(par exemple : la ferme de mes aïeux, les collines où ont vécu mes lointains ancêtres, la montre à gousset de mon grand-père, le sourire de mes enfants…) ;

– en écrivant l'histoire de ma famille, j'entendrai…

(par exemple : le patois de ma région d'origine/la langue de mon pays d'origine, les sons de l'épicerie familiale, des portes qui claquent…) ;

– en écrivant l'histoire de ma famille, je sentirai…

(par exemple : l'odeur d'une étable, de la mer, de notre maison de famille, du garage de mon grand-oncle…) ;

– en écrivant l'histoire de ma famille, je toucherai…

(par exemple : la neige du pays de mes ancêtres, les bûches qu'on met au feu, des draps rêches…) ;

– en écrivant l'histoire de ma famille, je goûterai…

(par exemple : la tortilla de ma grand-mère, le nectar des vignobles familiaux, les bons petits plats que nous mangerons pour fêter notre livre de famille…).

15'.

Parmi vos photos de famille anciennes, en noir et blanc, choisissez-en une que vous aimez particulièrement. Où a-t-elle été prise ? À quelle occasion, à quel moment ? Qui sont les personnes posant devant l'objectif ? Comment sont-elles vêtues ? Quelle est leur mine ?

20'.

Écrivez une mini-biographie de l'une des personnes présentes sur cette photo, en employant le présent.

30'.

Au quotidien, vous pouvez aussi, par exemple :

– écrire à un destinataire, réel ou imaginaire, pour lui raconter une scène marquante à laquelle vous avez assisté ;

– vous asseoir quelque part (terrasse de café, coin de campagne...) et décrire ce que vous voyez. Suivant les orientations que vous choisirez pour votre ouvrage, vous vous entraînerez à écrire ces descriptions de façon plutôt objective ou plutôt subjective ;

– raconter le parcours d'une personnalité que vous aimez.

Et lorsqu'une idée se présente, vous avez votre carnet de notes ! Écrivez sur tout ce qui se présente à vous : le temps qu'il fait, le dîner d'hier soir, le livre que vous êtes en train de lire (le film ou l'émission que vous venez de voir), un souvenir d'enfance...

Commencez à écrire, tout simplement, comme les choses vous viennent. N'attendez pas l'inspiration : pour écrire, nul besoin d'un don particulier ou d'une muse bienfaitrice. Tout est affaire d'entraînement et d'effort. Nous vous l'assurons encore : plus vous écrirez, plus le flux de votre écriture sera rapide et régulier ; plus le plaisir – le vôtre et celui de vos lecteurs – sera grand.

Les ressorts du style sont à la fois le travail et le plaisir.

Comment améliorer votre style :

- lisez et écrivez beaucoup ;

- retravaillez vos textes sans relâche, comme tous les auteurs[1]. C'est la voie royale pour produire des textes de qualité ;

- faites relire vos écrits et tirez parti des observations (constructives) que l'on vous fera ;

---

1. Vous pouvez voir quelques exemples de manuscrits originaux sur le site Web http://gallica.bnf.fr. Observez avec quel acharnement ils ont été travaillés !

- inscrivez-vous à un atelier d'écriture. À partir d'une écoute bienveillante, vous y prendrez conscience de vos atouts et les développerez. En plus, ça fait un bien fou !

- fuyez les clichés, les expressions convenues, les banalités : ce sont les pires ennemis du style. Cherchez à écrire d'une manière personnelle, pour le plaisir du lecteur comme pour le vôtre. « Son visage était buriné par le temps », par exemple : comment pourriez-vous dire cela autrement, à *votre* manière ?

- débridez votre sensibilité, retrouvez votre aptitude à regarder la réalité avec un œil neuf, à l'envisager avec fraîcheur, étonnement... ;

- laissez agir vos cinq sens ;

- mettez-vous dans la peau de celui ou celle qui raconte une histoire ;

- jouez avec les rythmes, les mots, tournez les phrases dans tous les sens (changez la *tournure*).

Nous avons parfois tendance à construire nos phrases selon un modèle qui se répète. Dans l'extrait ci-dessous, le sujet se trouve toujours au début. Comment pourriez-vous le remanier ?

Jean a 14 ans quand survient la disette de 1738. Il en réchappe, puis devient garçon tisserand au Mans. Il se marie avec Jeanne Fabry début juin 1751. Jean a 27 ans. Jeanne en a 24 et est enceinte. Un garçon naît en effet dès le mois d'octobre 1751.

Dans vos textes, essayez de repérer les passages où le sujet apparaît systématiquement au même endroit. Réécrivez-les de sorte que ce ne soit pas le cas dans plus de deux phrases consécutives.

Maintenant que vous êtes bien installé, bien équipé et que vous écrivez de plus en plus facilement au fil des jours, vous pouvez entrer dans le vif de votre projet !

3

Préciser votre projet : le temps des choix

Vous y voyez plus clair sur le « pourquoi » et le « quand » de votre projet. Abordons maintenant le « qui », le « quoi » et le « comment ».

Écrire le passé familial est un sujet vaste et imprécis. Une famille comporte une multitude de membres et de dimensions (culturelle, affective, économique, géographique…) ; vous possédez un grand nombre d'informations, de souvenirs. Il y a de quoi se perdre ! C'est pourquoi il est capital de bien délimiter votre sujet.

D'autre part, l'histoire de vos ascendants peut s'écrire de mille manières. Quelle sera la vôtre ?

À qui s'adresse votre livre ?

Ou, du moins, quels seront vos lecteurs prioritaires ? La réponse à cette question est déterminante pour préciser votre sujet et la façon de l'aborder.

Selon le « public » à qui vous vous adresserez, vos lecteurs auront des connaissances préalables (sur la famille elle-même, sur le contexte historique) et des attentes différentes. Si vous voulez être lu, il vous faudra en tenir compte.

Ça se discute :
devez-vous parler de votre projet ?

Le pour :	Le contre :
• vous donnez un début d'existence à votre projet et vous « obligez » à le poursuivre ;	• votre entourage peut vous décourager, d'une manière ou d'une autre ;
• vous recevez des encouragements ;	• vous pouvez être taxé, plus ou moins franchement, de vanité ;
• vous avez un « retour » sur votre projet et l'adaptez en conséquence ;	• vous risquez d'être influencé et votre projet perdra peut-être en cohérence ;
• vos proches vous donnent de nouvelles informations sur l'histoire de votre famille ;	• vos proches vous communiquent des informations dont vous n'avez pas forcément besoin, et qui ne font que vous donner la sensation d'être noyé ;
• vous progressez en échangeant idées, pensées et sentiments.	• ces mêmes personnes risquent d'être contrariées si vous n'utilisez pas les informations qu'elles vous ont données.

Vous avez la possibilité de couper la poire en deux : parler de votre projet quand vous êtes lancé dans l'écriture, en vitesse de croisière.

À vous de voir !

Posez-vous les questions suivantes :

* Souhaitez-vous diffuser votre texte dans le cercle familial ? Dans ce cas, s'agit-il de vos seuls descendants ? Si vous voulez intéresser d'autres parents (cousins et cousines, par exemple), vous devrez adapter le contenu de votre livre pour que chacun s'y retrouve.

* Si vous êtes un passionné de généalogie, peut-être souhaitez-vous partager votre texte avec d'autres généalogistes, voire des chercheurs d'une manière générale ? Ici encore, vous sélectionnerez les informations correspondant à leurs centres d'intérêt. Et, bien sûr, vous préciserez impérativement les cotes d'archives.

* Préférez-vous intéresser un plus large public (passionnés d'histoire, habitants de votre région d'origine…) ?

* Souhaitez-vous n'écrire que pour vous-même, pour vous aider à y voir plus clair et vous soulager de certains poids ? Malgré tout, n'espérez-vous pas qu'un regard attentif et bienveillant se penche un jour sur votre texte ?

* Vos lecteurs connaissent-ils déjà l'histoire familiale ? Ou bien sont-ils des « néophytes » en la matière ?

* Vos lecteurs sont-ils des enfants ou des adultes ?

* Sont-ils tous de culture et de langue françaises ?

Délimiter votre sujet

Vous devez préciser le contenu de votre texte avant de commencer à rédiger. Cela paraît une évidence, mais la réalité est qu'on ne prend pas toujours le temps d'y réfléchir ! Or, si nous ne savons pas vraiment ce que nous voulons dire, nous ne parvenons pas à démarrer, nous tournons en rond. Cela peut même nous mener à l'abandon, faute de clarté dans le projet et de ligne directrice qui nous serve d'appui, de gouvernail.

> *« Selon que notre idée est plus ou moins obscure,*
> *L'expression la suit, ou moins nette, ou plus pure.*
> *Ce que l'on conçoit bien s'énonce clairement,*
> *Et les mots pour le dire arrivent aisément[1]. »*

---

1. Nicolas Boileau, *L'Art poétique, Chant I*, 1674, vers 51-54.

Le sujet de votre texte dépend :

- de l'histoire même de votre famille ;
- de ceux à qui vous destinez ce document ;
- de ce que vous souhaitez leur transmettre ;
- de vos propres centres d'intérêt ;
- des informations et/ou des souvenirs que vous avez.

De qui parlerez-vous ?

Vous ne pouvez pas, bien sûr, écrire sur chaque membre de votre famille. Nous l'avons dit, une histoire familiale est infinie, un arbre généalogique est sans bornes. Le texte y met des limites et c'est tant mieux : cela vous empêchera de vous sentir noyé. De plus, l'exhaustivité ennuie le lecteur. Vous devez en faire votre deuil.

Toute transmission de connaissances passe par une phase de sélection et de synthèse de l'information.

Si vous avez un arbre généalogique bien fourni, qu'est-ce qui, d'après vous, intéressera vos descendants ? Pour répondre à cette question, souvenez-vous de ce qui vous a poussé à débuter vos recherches. Votre but n'était-il pas, avant tout, de découvrir vos ancêtres directs ? Sauf branches ou parcours individuels remarquables, vos descendants, comme vous au départ, ont probablement d'abord envie de connaître leurs ancêtres directs. Vous pourrez bien sûr parler d'autres personnes de votre arbre ; lesquelles, précisément ?

Vous pourrez tout autant écrire l'histoire de votre famille en évoquant de nombreuses branches à travers les siècles, sans vous attarder sur le destin singulier des individus qui les composent. Si vous avez de bonnes qualités de synthèse, ce peut être très intéressant à écrire comme à lire.

Si vous souhaitez consacrer votre livre à vos ancêtres plus récents, vous ne pourrez pas plus les évoquer tous. Si vous voulez intéresser cousins et cousines, parlerez-vous des frères et sœurs de votre grand-mère, puis de leurs enfants, de leurs petits-enfants ? Quelles limites vous fixez-vous ?

De qui voulez-vous parler, de qui ne voulez-vous pas parler ?

Sur qui allez-vous vous attarder et qui évoquerez-vous brièvement ?

Quelle est la période exacte que vous allez couvrir ?

Il n'y a pas de bon ou de mauvais choix ; mais retenez qu'au-delà d'une trentaine de personnages, vous construirez avec difficulté un livre qui « se lit ». Sinon, votre document ressemblera davantage à un catalogue. Pour ma part, je préfère un texte plus approfondi, quitte à ce qu'il présente moins de personnes.

« Je ne sais pas broder… »

Vous estimez peut-être que vous avez peu à dire, notamment en ce qui concerne la vie de vos lointains ancêtres, souvent des paysans sans histoire. Il vous semble même que vous ne parviendrez pas à écrire l'histoire de votre famille, faute de savoir « broder ».

Vous verrez au chapitre suivant qu'il y a, au contraire, beaucoup à dire sur vos ancêtres… sans faire de remplissage !

Quels thèmes aborderez-vous ?

Il existe mille et une manières d'aborder l'histoire d'une famille. Sous quel angle allez-vous écrire la vôtre ? Quels aspects allez-vous privilégier ?

Examinez d'abord si vous pouvez dégager un fil rouge de votre passé familial. Voici quelques exemples :

- des migrations incessantes ;
- l'importance de l'art ;
- une série de retournements inattendus ;
- les convictions et l'engagement ;

- la force de la volonté ;

- de bons mariages ;

- la prégnance de la religion ;

- l'audace,

- etc.

Ce fil rouge dirigera votre récit et vous proposerez régulièrement à vos lecteurs de s'y raccrocher. Vous pourrez aussi l'utiliser comme base pour structurer votre récit (voir chapitre 5).

Si vous ne trouvez ou ne voulez pas suivre de fil rouge particulier, l'un des grands thèmes ci-dessous peut constituer un angle pour aborder votre famille :

- les relations familiales et la psychologie (si vous parlez d'ancêtres récents) ;

- la vie culturelle et/ou spirituelle ;

- les lieux de vie successifs ;

- le métier et l'aspect économique ;

- la vie sociale ;

- la vie quotidienne ;

- les liens avec la grande histoire (les guerres, les mouvements sociaux…).

Vous pouvez aussi traiter tous ces aspects (voir le chapitre suivant) à parts plus ou moins égales. Votre texte sera plus complet, mais aura moins d'impact et de force que si vous choisissez un angle précis.

Que désirez-vous ?

Une inscription noir sur blanc

Prenez un moment pour écrire le sujet de votre futur texte. Cela vous donnera du recul, vous éclaircira les idées, vous fera peut-être entrevoir des écueils possibles ou soulèvera des questions intéressantes.

En outre, l'inscription noir sur blanc de votre sujet vous affermira dans votre résolution. Elle est un premier pas pour inscrire votre projet dans la réalité, lui donner un début de matérialité.

Enfin, vous y reporter en cas de lassitude ou de doute vous aidera à retrouver courage et à maintenir le cap.

Pour autant, rien n'est figé et vous pourrez changer de voie ultérieurement.

Écrivez le sujet de votre livre sous la forme la plus condensée possible (trois phrases au plus), le plus justement et le plus précisément possible.

Même si les choses sont claires dans votre esprit, écrivez-les. Si vous ne voulez ou ne pouvez pas écrire votre sujet, tentez de comprendre pourquoi.

« Je souhaite présenter l'histoire de ma famille paternelle, de père en fils, à partir de l'ancêtre le plus ancien que j'ai retrouvé (Pierre). Je retracerai ce parcours grâce aux informations que j'ai glanées au cours de mes recherches et aux connaissances que j'ai engrangées sur l'histoire locale. »

« Je veux tenter de déterminer comment l'histoire de ses parents et de ses grands-parents a amené mon grand-père à s'engager comme résistant dès 1941. »

« Je vais écrire l'histoire de ma famille maternelle en partant de mes quatre arrière-grands-parents. J'évoquerai brièvement le destin de chacun de leurs enfants, puis parlerai surtout de ma grand-mère et de mon grand-père jusqu'à leur rencontre. Enfin, je raconterai leur vie de famille à la ferme jusqu'en 1960. »

« Mon livre présentera comme une photographie de mes ancêtres en 1789. J'ai choisi 15 foyers, disséminés sur le territoire. Il s'agit précisément de... »

« Je voudrais raconter comment mes arrière-grands-parents sont partis de Sicile pour arriver jusqu'en France, puis comment la famille s'est installée dans la banlieue de Paris avant de devenir française. Cette histoire concernera surtout mes quatre grands-parents, mes parents, mon frère et mes sœurs. »

« Je parlerai de la branche C. qui a acheté et exploité la propriété de B. Je présenterai les différents maillons qui ont composé la chaîne menant jusqu'à

mon père. J'essaierai de mettre en évidence le rôle des femmes qui, par héritage, ont fortement contribué à la prospérité de la famille. »

« Je souhaite retracer la vie de mes ascendants directs à partir de mes arrière-grands-parents Philippe et Marguerite, dont il sera surtout question. »

« Mon projet consiste à écrire l'histoire de ma famille maternelle, en mettant ma grand-mère Louise au centre du récit. Je dirai ce que je sais de ses parents et de ses grands-parents. Puis, je résumerai la vie de ses sept enfants : ma mère mais aussi mes oncles et tantes, qui ont tant compté pour moi. »

« Je veux retracer le parcours de 24 hommes de ma famille à travers les différentes guerres qu'ils ont vécues en France et dans le monde. Il s'agit de... »

Les choix d'écriture

Maintenant que vous avez précisé le contenu de votre sujet, il est temps d'envisager la façon même dont vous allez l'écrire.

Quelle forme ?

Un texte qui raconte l'histoire d'une famille peut se rattacher au genre biographique. Rappelons que l'auteur d'une biographie retrace la vie d'une autre personne que lui, en employant la 3ᵉ personne (sinon, il s'agit d'une autobiographie). Il recherche de la documentation, vérifie les informations qu'il possède ou qu'il trouve. En revanche, ce genre possède une grande liberté de forme.

Vous utiliserez sans doute plusieurs des formes présentées ci-après, parfois de façon très rapprochée comme ici :

Autrefois, les mariages avaient souvent lieu durant l'hiver (information). C'est ainsi que Françoise a épousé Éloi le 16 novembre 1882 (narration). Entre eux, les choses étaient venues très naturellement, car ils étaient voisins de longue date et faisaient partie de la même classe sociale des métayers (explication). La robe de mariée de Françoise, en simple coton blanc, couvrait les chevilles, les bras et l'intégralité de la poitrine (description).

Ces différentes formes pourront aussi faire l'objet de passages plus longs, que vous ferez se succéder.

Comme dans un roman ou un film, où les scènes légères suivent les scènes de tension, vous pourrez ici alterner récit, informations, analyses, descriptions, anecdotes. La manière dont vous mêlerez et agencerez ces formes sera *la vôtre*.

Si vous souhaitez en privilégier une, quelle est-elle ? La réponse dépendra en partie de votre intention : souhaitez-vous avant tout informer, expliquer, raconter, convaincre... ?

Les formes que vous emploierez seront aussi fonction du matériau dont vous disposez. Par exemple, pour les ancêtres dont vous connaissez mal la vie, la forme narrative sera limitée à quelques phrases. En revanche, les informations et les explications seront prépondérantes (pour le type d'informations que vous pouvez donner, voir le chapitre suivant).

Quel ton ?

En littérature, le ton (ou tonalité, ou registre littéraire) se définit à la fois par :

* le type d'émotion que l'auteur cherche à provoquer chez le lecteur (amusement, compassion, admiration, indignation, etc.) ;
* les procédés utilisés pour ce faire (vocabulaire, structures de phrases, ponctuation, figures de style[1]...).

Le second tableau ci-après reprend les six tons que l'on retrouve fréquemment dans les livres de famille. Pour chacun, deux exemples illustrent comment ils peuvent se traduire dans un récit familial.

---

1. Sur les figures de style, vous pouvez consulter les petits livres d'Axelle Beth et Elsa Marpeau, *Figures de style*, Librio, 2005 ou d'Henri Suhamy, *Les Figures de style*, PUF, coll. Que sais-je ?, 11ᵉ édition, 2010.

Formes	Finalités	Genres de textes	Quelques caractéristiques	Exemples
Narrative	Raconter, informer	Romans, nouvelles, fables, beaucoup d'articles de presse, récits historiques, biographies, anecdotes…	– Succession de faits dans le temps. – Emploi du passé simple, de l'imparfait ou du présent. – 3e personne dominante. – Verbes d'action dominants (partir, entrer, prendre…). – Présence de repères spatiaux (plus loin, à 100 mètres) et temporels (ensuite, la veille, soudain…).	*Françoise R. a épousé Éloi D. le 16 novembre 1882.*
Descriptive	Montrer, donner à voir	Passages de romans, portraits, prospectus, petites annonces…	– Emploi du présent ou de l'imparfait. – S'il s'agit de lieux ou d'objets, présence de repères spatiaux (plus haut, à gauche…). – Verbes d'état (être, sembler, rester, se tenir…) ou de perception (voir, sentir, entendre…) dominants. – Caractérisation de ce qui est décrit (adjectifs qualificatifs, comparaisons, métaphores…).	*La robe de mariée de Françoise, en simple coton blanc, couvrait les chevilles, les bras et l'intégralité de la poitrine.*
Informative	Renseigner, faire connaître	Comptes rendus, beaucoup d'articles de presse, guides, articles d'encyclopédies, manuels scolaires…	– Emploi du présent de vérité générale ou d'actualité, ou du passé composé. – Tournures impersonnelles (emploi du « on », du « nous de majesté »). – Le sujet des verbes est souvent une idée, un événement ou une réalité inanimée, rarement une personne. – Articulations logiques. – Vocabulaire spécialisé. – Absence d'opinions et de jugements.	*Autrefois, les mariages avaient souvent lieu pendant l'hiver.*
Explicative	Faire comprendre	Textes de vulgarisation, textes de recherche, beaucoup d'articles de presse, articles d'encyclopédies, manuels scolaires…	– Caractéristiques du texte informatif.	*Entre eux, les choses étaient venues très naturellement, car ils étaient voisins de longue date et faisaient partie de la même classe sociale des métayers.*
Argumentative	Convaincre, démontrer	Lettres de réclamation, publicités, essais, éditoriaux…	– Articulations logiques. – Présence de phrases à la 1re et à la 2e personnes. – Expression d'opinions et de jugements.	*Même si elle ne le montrait pas, Françoise aima sans doute son mari. En effet, après la mort d'Éloi, elle porta toujours autour du cou une chaîne autour de laquelle elle avait fait glisser leurs deux alliances.*

Tons	Effets recherchés	Principaux procédés	Exemples
Humoristique Variantes : ironique, sarcastique…	Provoquer le sourire ou le rire. L'effet comique peut être recherché pour lui-même ou pour critiquer une personne, une situation, une idée (ironie, satire). Le ton comique permet aussi de prendre de la distance par rapport à la réalité évoquée et peut amener à réfléchir.	– Jeux de mots et fantaisie verbale. – Effets de disproportion, de décalage. – Quiproquos. – Répétitions, accumulations. – Associations burlesques.	« La rigueur monastique […] de l'école produisit quelques effets sur ma mère, et ses enfants furent bien placés pour les ressentir… » « Cet héritage permit aussi d'acheter un lit et une commode : quel luxe ! »
Lyrique Variantes : intime, senti-mental…	Faire partager l'intensité d'un sentiment et créer une intimité avec le lecteur. L'auteur confie ses sentiments et ses émotions intimes : amour, joie, nostalgie, mélancolie, chagrin, douleur, regret…	– Usage fréquent du « je ». – Apostrophes au lecteur. – Vocabulaire des émotions, de l'affectivité, du souvenir. – Ponctuation expressive (points d'exclama-tion…). – Thèmes de la condition humaine (amour, solitude, fuite du temps, mort…).	« Mon père me dit à mon départ, avec beaucoup d'amertume, que je me repentirai de le laisser seul. Cela m'attrista beaucoup et je sus plus tard qu'il avait raison, puisque le 3 juin 1938 je devais le trouver mort dans sa maison. Oh ! Quels terribles regrets ce jour-là ! Il n'existe pas d'excuses pour abandonner ses parents. » « Toute mon enfance, toute ma jeunesse se sont passées parmi eux. L'école, l'église nous ont souvent réunis. J'ai partagé leurs joies, leurs peines. Je garde de ces moments de bonheur un souvenir brûlant. »
Laudatif Variantes : dithyram-bique, rendant hommage	Faire les louanges d'une personne, lui rendre hommage. Le texte peut aussi vanter les mérites d'une valeur abstraite, d'un comporte-ment, d'une institution, d'une œuvre, d'un produit…	– Vocabulaire valorisant, jugements de valeur. – Superlatifs. – Ponctuation exclamative. – Figures de style permettant l'amplification (hyperboles…).	« On est d'abord saisi par la force de caractère de P., qui trouve la lucidité, l'énergie et le courage de faire face à l'inten-sité du travail représenté par la gestion de son important patrimoine. » « Camille était une belle femme coquette et très élégante, qui s'habillait avec beaucoup de goût. Intelligente, elle s'adaptait avec finesse en toutes circonstances. »
Pathétique Variantes : triste, tragique	Inspirer la compassion, l'attendrisse-ment ou la révolte, à travers une situa-tion d'intense malheur frappant un être désarmé, présenté comme une victime : souffrance, douleur, misère, maladie, mort…	– Vocabulaire de la souffrance, des larmes… – Ponctuation très expressive (points d'excla-mation…). – Phrases au rythme brisé et irrégulier. – Images à forte charge émotive. – Figures de style permettant l'amplification (hyperboles…).	« Ma mère passait des moments terribles. Tous les calmants, la morphine même, n'arrivaient pas à arrêter ses cris. Seule avec elle, je gravissais cet horrible calvaire. Un matin à 3 heures, un peu avant l'aube, je faisais les cent pas devant notre maison, ne sachant plus que faire. » « Lorsque sa famille apprit la nouvelle, elle fut déshonorée, rejetée, et même chassée de la maison familiale. Selon les dires de Jeanine, Lucette se réfugia dans une petite maison de cantonnier ; ses frères et sœurs lui portaient à manger. »
Didactique Variantes : professoral	Instruire, transmettre un savoir théo-rique ou pratique, attiser la curiosité. Un texte didactique expose des infor-mations et des arguments, d'une manière qui se veut neutre et objective. La clarté de la compréhension est parti-culièrement visée.	– Tournures impersonnelles généralisantes (« On observe », « Il y a »…). – Vocabulaire spécialisé et précis. – Explications, conseils. – Exemples concrets. – Citations. – Composition et liens logiques.	« Nous sommes sous Louis-Philippe, qui vient d'instituer le vote censitaire : […] ne peuvent voter que les plus forts imposés de la commune. Pierre se trouve dans la liste. » « L'électricité a été installée dans le village en 1928. »

Parmi ces tons, lesquels vous « parlent »… ou vous déplaisent ?

En connaissant leurs procédés, vous pourrez :

* les utiliser et moduler votre écriture lorsque vous voudrez créer un effet ;

* les repérer quand une tonalité que vous n'aimez pas s'exprime à votre insu.

Vous pouvez vous limiter à un seul ton ou en combiner plusieurs : dramatique et laudatif, didactique et humoristique…

Cependant, un texte présente souvent un ton général et des tons secondaires (développés seulement dans certains passages). Dans notre tableau par exemple, les premiers exemples de chaque ton sont tirés du même ouvrage. Celui-ci présente une tonalité dominante laudative, mais on y rencontre toutes les autres.

Et vous, avez-vous repéré le ton général que vous souhaitez donner à votre texte ? L'impression que vous aimeriez transmettre ?

Répondre à cette question, c'est réfléchir à ce que vous souhaitez vis-à-vis de vos lecteurs : les amuser, leur faire entendre votre voix, les amener à admirer leurs aïeux, susciter leur compassion, les distraire, leur apporter des connaissances… ?

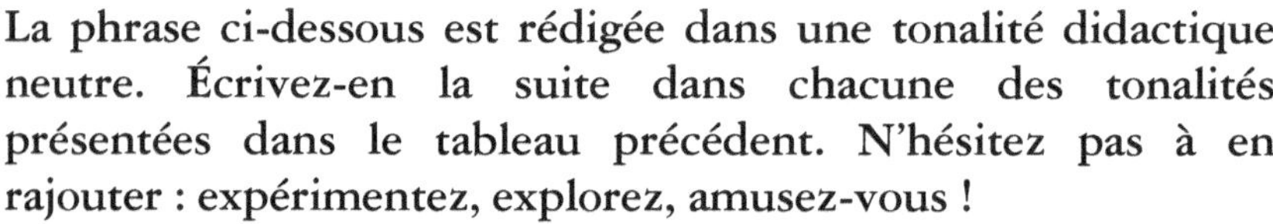

La phrase ci-dessous est rédigée dans une tonalité didactique neutre. Écrivez-en la suite dans chacune des tonalités présentées dans le tableau précédent. N'hésitez pas à en rajouter : expérimentez, explorez, amusez-vous !

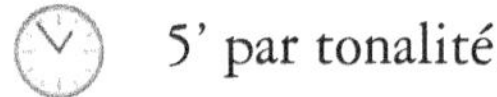 5' par tonalité.

Jacques arrive donc avec sa famille. Il est à peine installé que les ennuis commencent.

Quel registre de langue ?

On distingue trois principaux registres.

Registres	Vocabulaire	Temps des verbes	Construction des phrases	Exemples
Familier	Populaire, voire argotique ; onomatopées ; expressions imagées.	Principaux temps de l'indicatif.	Syntaxe approximative, proche du langage oral.	« Cette baraque est vachement grande. »
Courant	Usuel, généralement partagé.	Principaux temps de l'indicatif, subjonctif présent.	Phrases simples, ou complexes de longueur réduite.	« Cette maison est très grande. »
Soutenu	Nuancé, recherché, voire rare.	Tous les temps de tous les modes.	Phrases complexes et longues.	« Cette demeure se caractérise par sa remarquable grandeur. »

Nous nous plaçons ici dans la perspective d'un registre courant. Mais peut-être désirez-vous en adopter un autre ? Il n'y a pas de bon ou de mauvais choix, si ce n'est qu'il vous sera toujours plus facile de rédiger dans une langue qui vous est naturelle.

Amusez-vous à réécrire la phrase suivante dans un registre familier, puis dans un registre soutenu.

Aux Halles, ceux qui portaient un grand chapeau étaient les « forts », des hommes musclés qui transportaient les marchandises et surveillaient les lieux.

Quelle place pour la littérature ?

Le tableau ci-après[1] compare schématiquement textes littéraires et documentaires (pour simplifier, les textes documentaires correspondent aux formes informative/explicative et au ton didactique).

---

1. D'après Paul Desalmand, *Guide de l'écrivain et de l'écrivant, de l'écriture à l'édition*, Marabout, 1994.

Textes documentaires	Textes littéraires
Rédiger	Écrire
Utilité	Esthétique
Agencement de l'information	Vibration de l'écriture
Écrivant	Écrivain
Fabrication	Création
Maîtrise de la langue	Invention de sa propre langue (style)
La langue est un outil	La langue est un matériau
Les faits sont le matériau de base	Les faits sont un prétexte à écrire
Penser au lecteur : comment l'accrocher ?	Se concentrer sur son énergie d'écriture

Les frontières entre ces deux catégories sont poreuses. Par exemple, le texte dans lequel le médecin Jean Delay relate l'histoire de sa famille est à la fois documentaire (informations précises et objectives) et littéraire (registre de langue soutenu, phrases longues et syntaxe soignée, vocabulaire recherché) :

« Depuis son temps d'apprentissage devant la tour de l'Horloge dont le cadran sculpté donnait rue de la Barillerie, Marie n'avait plus quitté les parages du Palais. Établie comme maîtresse marchande vis-à-vis la cour du May, ainsi dite parce qu'à chaque premier mai la basoche y plantait un arbre venu en musique de la forêt de Bondy, sa boutique était fort bien achalandée. À en juger par l'inventaire qui fut fait à l'occasion de son mariage, on trouvait chez elle un grand assortiment de dentelles pour linge de toile ou de soie, coiffes, béguins, collets, passements, bas, peignoirs, canons, manchettes, gorgettes, rabats... C'était la mode des points coupés. Les points étrangers venus des Italies, des Flandres et d'Angleterre rivalisaient avec les points français, dont le bel Alençon qu'imposerait plus tard le protectionnisme de Colbert.[1] »

---

1. Jean Delay, *Avant-Mémoire*, tome 1 « D'une minute à l'autre » (1979), Gallimard, coll. Folio, 1992, pp. 239-240.

De la distinction entre écrivant et écrivain

« *Pour l'écrivant, la langue n'est qu'un outil* », selon l'auteur et éditeur Paul Desalmand. « *Il veut témoigner, expliquer, enseigner. Il le fait en utilisant la langue comme un moyen mis au service de la pensée. {…} L'emploi de la langue par l'écrivain est beaucoup plus complexe. Il s'agit bien encore de produire un effet, mais avec un travail qui porte sur la langue elle-même plus que sur le sens qu'elle transporte. {…} Dès que l'on a établi une distinction entre les deux catégories {de l'écrivant et de l'écrivain}, il est nécessaire de montrer qu'elles ne sont pas séparées par une frontière linéaire intangible. {…} L'écrivant, sauf dans des cas limites, est peu ou prou écrivain. L'écrivain reste toujours quelque peu écrivant.*[1] »

Voici un exemple extrême d'écriture non littéraire :

Pierre B. voit le jour le mercredi 26 septembre 1798 à Saint-Amand-de-Vergt. Il est le fils légitime de Léonard B., agriculteur, âgé de 38 ans, et de Marie L., âgée de 32 ans.

Il épouse Marie T., cultivatrice, la fille légitime de Charles T. et de Toinette F.

Ils se marient le jeudi 6 septembre 1832 à Saint-Amand.

Le 10 novembre 1847 naît leur fils Charles. Pierre est âgé de 49 ans.

Pierre est décédé le dimanche 11 août 1861, à l'âge de 62 ans, à Saint-Félix.

Voici un exemple de texte beaucoup plus littéraire et évocateur :

« En automne, les étables du château et celles du village retentissent pareillement des piaulements de cochons qu'on saigne et la bonne odeur des jambons monte de l'âtre de toutes les cuisines.[2] *»*

---

1. Paul Desalmand, *op. cit.*, p. 17.
2. Marguerite Yourcenar, *Souvenirs pieux*, Gallimard, coll. Folio, p. 89.

Entre un style administratif particulièrement ennuyeux et la belle prose classique de Marguerite Yourcenar, vous vous ferez une place. Avec *votre* style, celui que vous avez, je l'espère, commencé à explorer et à développer. Si vous avez l'impression que vous écrivez précisément dans le style administratif présenté ci-dessus, entraînez-vous pour débrider votre plume. Car vous avez des choses à dire !

Nous avons souligné que nous ne nous placions pas ici dans la perspective d'une œuvre littéraire. Nous donnons la priorité à la qualité de l'information plutôt qu'à celle de l'écriture, à la clarté de vos propos plutôt qu'aux effets de style. Cela ne veut pas dire qu'il faille abandonner toute aspiration esthétique. Cela n'exclut pas, bien loin de là, un travail sur la langue, un plaisir d'écriture... et de lecture. Mais ce plaisir ira plutôt, pour nous, dans le sens d'une « *prose simplifiée, adossée à un style naturel et sans prétention, établissant un rapport d'égal à égal avec le lecteur*[1] ».

Ça se discute :
l'objectivité existe-t-elle ?

Fabrice Colin a écrit *La Saga Mendelson*, qui retrace la vie d'une famille sur trois générations. Il le dit très bien : « *Je ne crois pas que l'objectivité existe. On tend vers elle, mais on ne l'atteint jamais. Donner des titres, ordonner des chapitres, insister sur tel événement plutôt que sur tel autre, c'est déjà faire œuvre d'auteur, c'est déjà défendre un point de vue, qu'on le veuille ou non.*[2] »

Le document que vous écrirez portera nécessairement votre patte, mais il ne doit pas être un texte sur vous et vous veillerez à lui conférer le plus d'objectivité possible : en apportant des informations précises et vérifiées, en mettant en évidence les éléments les plus significatifs de l'histoire de votre famille. Songez que vos descendants apprécieront de pouvoir s'appuyer sur votre œuvre pour se faire une juste idée de leurs origines.

---

1. Alain André, *op. cit.*, p. 188.
2. Source : http://www.lirado.com/interviews/surunlivre/colin2.htm.

Écrire, c'est s'adresser à un lecteur, fût-il potentiel. Vous devez donc avoir ce lecteur potentiel (ou réel !) à l'esprit et écrire pour qu'il ait plaisir à vous lire : ce qui signifie ici que votre texte sera intéressant sur le fond, vivant et compréhensible sur la forme. Être accessible au plus grand nombre, quel que soit son niveau d'études ou de connaissances préalable : voilà ce à quoi vous devez tendre, sinon aboutir !

Quel temps ?

Le passé est le temps généralement employé dans les récits. Cependant, une histoire qui a déjà eu lieu, même dans un lointain passé, peut aussi bien s'écrire au présent.

Choisir le passé ou le présent dépend notamment de la distance que vous souhaitez marquer ou mettre entre vos ancêtres et vous, ou entre vos ancêtres et vos lecteurs ; cela dépend aussi du type d'écriture que vous aimez.

Le présent

Lorsque vous écrivez au présent de l'indicatif, vous faites corps avec vos personnages et leur histoire. De même, la distance se réduit entre le lecteur et l'histoire, qu'il découvre comme si elle se déroulait sous ses yeux. Lorsque nous lisons un texte au présent, nous avons une impression de proximité avec les événements comme avec les personnages. Ces derniers paraissent plus vivants.

Si vous choisissez cette option, votre texte aura aussi un aspect plus moderne.

Par ailleurs, le présent vous paraît peut-être plus simple sur le plan de l'écriture et de la concordance des temps. Mais attention : comme il peut vous amener tout droit à la platitude, vous devrez soigner votre style pour donner un peu de relief à votre texte.

« Dès l'âge de 8 ans, Louise est placée par sa mère chez des agriculteurs. Elle y apprend à faire la cuisine et le ménage. »

Le passé

Pour raconter des actions ponctuelles limitées dans le temps, deux options sont possibles.

* Le passé simple, qui instaure une grande distance entre l'action décrite et le temps où nous nous trouvons lorsque nous écrivons ou lisons. C'est un passé révolu, qui semble ne pas avoir de relation avec notre vie présente. Si vous choisissez cette option, votre texte se rapprochera du style des romans classiques. L'avantage est que vous pouvez donner des airs de roman à un écrit assez banal. Son principal inconvénient est que, pour respecter l'indispensable concordance des temps, vous devrez recourir à des temps (plus-que-parfait, passé antérieur, subjonctif imparfait) que nous ne maîtrisons plus très bien.

« Dès l'âge de 8 ans, Louise fut placée par sa mère chez des agriculteurs. Elle y apprit à faire la cuisine et le ménage. »

* Le passé composé, qui est un temps plus proche, plus immédiat. C'est celui que nous employons à l'oral pour raconter des faits passés et que nous lisons souvent dans la presse. Son principal inconvénient est qu'il provoque beaucoup de répétitions des auxiliaires être et avoir. Pour le pallier, vous devrez fournir un travail d'écriture : notamment, alterner les conjugaisons avec le verbe être et celles avec le verbe avoir, ménager régulièrement des espaces à l'imparfait (descriptions ou informations de contexte : « À l'époque, on réparait ce qui tombait en panne »)...

« Dès l'âge de 8 ans, Louise a été placée par sa mère chez des agriculteurs. Elle y a appris à faire la cuisine et le ménage. »

L'imparfait, lui, sert à évoquer des actions passées qui ont duré (*« Louise était la cadette d'une famille de six filles et deux garçons »*), se sont répétées (*« Elle se rendait à la messe chaque dimanche »*) ou se sont produites en même temps qu'une autre (*« Alors qu'elle rentrait chez elle, Louise fit une rencontre déterminante »*).

Vous emploierez l'imparfait pour évoquer le contexte : « *À cette époque, la télévision n'existait pas et les distractions étaient peu nombreuses.* »

Enfin, si vous rédigez votre texte au passé simple ou au passé composé, sachez que l'imparfait est aussi le temps de la description : « *Louise avait la peau et les cheveux bruns.* »

> Résumez en quelques lignes la vie d'un de vos ascendants, en utilisant le passé simple. Lorsque vous avez terminé, transposez le texte au passé composé. Enfin, réécrivez-le au présent. Quel texte préférez-vous ? NB : n'oubliez pas de respecter la concordance des temps !
>
> Vous pouvez aussi faire cette expérience à partir du texte ci-après.

« Anne [se marier] à l'âge de 16 ans avec Jean, 23 ans, le 12 mars 1878 à Valence.

Neuf mois après, le 22 décembre 1878, [naître] une petite Julie. Mais son père [mourir] peu après, à l'âge de 25 ans.

Anne [mener] ensuite une vie de femme libre, sans peur des maternités honteuses et du déshonneur. En effet, trois enfants naturels [voir le jour], tous à Valence et de père inconnu.

Germaine [être] la première, le 26 juin 1885.

Ensuite, Anne [accoucher] d'Antoine Adrien le 26 juillet 1887.

Enfin, Pierre [être mis au monde] le 3 février 1890 mais [décéder] dès le lendemain.

On peut imaginer qu'Anne, seule avec ses deux enfants et très peu d'argent, [connaître] alors des temps difficiles. Elle [se retrouver] de nouveau enceinte, mais le père de l'enfant ne la [laisser] pas tomber. Ils [se marier] le 3 novembre 1890 à Valence. »

Quelle présence ?

Enfin, réfléchissez dès maintenant à votre implication dans le texte : quel degré d'objectivité ou de subjectivité voulez-vous donner à votre livre de famille ? Souhaitez-vous y manifester votre présence, et de quelle manière ?

Dire « je » ?

La plus simple manière – et la plus forte – d'affirmer sa présence est de dire « je » (ou « me », « mien », « mon »…). Le « nous » dit « de majesté » (« Nos recherches nous ont permis de découvrir qu'Ali avait embarqué dès mars 1962 ») est moins fort et moins impliquant que le « je ».

Dans le cadre d'un livre de famille, vous pouvez employer la première personne pour :

- rapporter des souvenirs de votre propre vie. « Je me souviens très bien de la façon dont Tante Adèle était vêtue ce jour-là : elle portait… », « Lorsque je me suis marié, ils étaient très âgés et n'ont pu venir à la cérémonie » ;

- établir des liens dans le récit. « Le moment me paraît venu de présenter les cinq enfants d'Odette et Simon », « Je laisse provisoirement de côté la suite de sa vie, pour la rattacher ensuite à celle de son époux » ;

- faire part de vos recherches ou de vos hypothèses. « J'ai retrouvé un acte de 1818 qui montre l'étendue de leurs possessions », « Divers témoignages me laissent à penser que… » ;

- exprimer une opinion (voir p. 52).

L'emploi du « je » vous implique et, généralement, touche les lecteurs. Il donne une note subjective à votre texte, même si vos informations sont rigoureusement exactes.

Sachez aussi que si vous dites « je », vous placez votre lecteur dans la position d'un interlocuteur impliqué.

Si votre souhait est de raconter l'histoire familiale d'un point de vue très subjectif (à travers le prisme de vos souvenirs et/ou de ceux que vous avez recueillis, davantage que sur la base de documents), informez-en vos lecteurs dès l'introduction à votre texte. Si vous évoquez les membres de votre famille à travers votre seul regard, votre livre sera une autobiographie.

Que pensez-vous de l'emploi de la première personne ? Souhaitez-vous l'adopter ou préférez-vous les tournures impersonnelles ?

Dire « vous » ?

Si vous souhaitez renforcer l'implication de vos lecteurs ou instaurer une complicité, vous vous adresserez directement aux destinataires de votre texte. Vous utiliserez le « vous », le « nous » (non plus le « nous de majesté » mais celui qui englobe), voire le « tu », ainsi que les pronoms correspondants (« le vôtre », « te »...).

« Ô toi, lecteur, tu aimerais savoir comment Jean croisa la route de Suzanne... »

« Que pensez-vous qu'il arriva ? »

« Nous pouvons nous recueillir sur leurs tombes au cimetière de Sauveterre. »

« Vous imaginez le scandale ! »

« Je vous assure que l'équipement était rudimentaire. »

« Vous allez maintenant en apprendre un peu plus sur l'histoire de Létina. »

Notez que vous adresser directement à vos futurs lecteurs pourra vous soutenir et faciliter votre travail d'écriture.

Est-ce que cette implication vous plaît et souhaitez-vous suivre cette voie ?

Quels repères de temps, de lieux et de parenté ?

Votre présence sera aussi plus ou moins marquée selon la façon dont vous situez les événements et les personnes.

Dans le temps et dans l'espace

Souhaitez-vous donner des repères en fonction de l'ici et maintenant où vous vous trouvez lorsque vous écrivez ? Par exemple : « Il y a 150 ans, notre ancêtre Jules quitta femme et enfants pour ne plus jamais réapparaître », « Ils louèrent une maison à 350 km d'ici » (si la maison en question se trouve à 350 km du lieu où vous écrivez).

Il y a de fortes chances pour que vous donniez plutôt ces repères en fonction de ce qui se passe dans le texte, sans faire allusion au moment et au lieu où vous écrivez : « Elle tomba enceinte trois ans plus tard », ou bien : « Ils louèrent une maison à 20 km de là » ou « 20 kilomètres plus loin ».

Vous pouvez aussi relater les faits en utilisant les jours, mois et années (« Un premier enfant naquit le 22 février 1739 »). Cependant, faire des liens entre les événements permettra à vos lecteurs de mieux se repérer. « Le 22 février 1739, un an après leur mariage, naquit un premier enfant. »

Dans la parentèle

Pour nommer les membres de votre famille, adopterez-vous un point de vue subjectif ou plus objectif ? Par exemple, parlerez-vous de « mon oncle Gérard », de « Gérard », du « fils d'Odette » ?

Donner votre avis ?

Enfin, vous pouvez marquer votre présence dans le texte en y exprimant, plus ou moins consciemment, des opinions ou des jugements.

Par exemple, vous tenez peut-être à dire que, selon vous, votre grand-mère n'aurait jamais dû épouser votre grand-père. Dans ce cas, employez la première personne et dites : « Je pense que c'était un mauvais choix », plutôt que : « Il ne fait aucun doute que c'était un mauvais choix. » Si tout le monde partage votre avis, vous pouvez cependant ajouter : « Tous les membres de la famille que j'ai entendu s'exprimer à ce sujet ont émis la même opinion. »

Cette remarque vaut aussi pour des propos positifs : « L'oncle Ernest était drôle et très intelligent. » Comme tout le monde n'a pas forcément la même opinion sur l'oncle Ernest, écrivez plutôt : « Je le trouvais drôle et très intelligent. »

Vous exprimerez parfois votre opinion de façon beaucoup plus indirecte, uniquement par le vocabulaire que vous choisirez. Comparez par exemple :

- Il leur a donné une vieille maison (pas d'opinion).
- Il leur a offert une demeure séculaire (opinion favorable).
- Il s'est débarrassé de sa cabane antédiluvienne (opinion défavorable).

La ponctuation peut, elle aussi, révéler ou renforcer un point de vue. Comparez :

- De si longues années après, il pâlissait toujours en entendant une sirène.
- De si longues années après, il pâlissait toujours en entendant une sirène !
- De si longues années après, il pâlissait toujours en entendant une sirène…

Nous nous permettons ici de vous conseiller la prudence. En exprimant vos opinions vous pourriez, d'une part, agacer, froisser ou même blesser certains membres de votre famille. D'autre part, vos lecteurs apprécieront d'en savoir plus sur l'histoire familiale, pas forcément de connaître vos points de vue et/ou jugements, même positifs. En revanche, donnez-leur toutes les informations concrètes leur permettant de se forger leur propre opinion.

Dans le chapitre 7, vous verrez comment traquer toutes les marques d'opinion et de jugement.

> **En synthèse**
> **Vous devez maintenant savoir répondre**
> **aux questions suivantes**
> - À qui vais-je m'adresser ? (p. 31)
> - De qui vais-je parler ? (p. 34)
> - Quels thèmes vais-je aborder ? (p. 35)
> - Quelle forme de texte vais-je privilégier ? (p. 38)
> - Quel ton ? (p. 39)
> - Quel registre de langue ? (p. 42)
> - Quelle approche (documentaire ou littéraire) ? (p. 43)
> - Quel temps ? (p. 47)
> - Quelle présence ? (p. 50)

Réfléchir d'emblée à ce que vous voulez dire et comment vous voulez le dire, plutôt que d'y être confronté en cours d'écriture, vous fera gagner beaucoup de temps et d'énergie. Procéder à des choix d'écriture améliorera aussi la cohérence — et donc l'impact — de votre texte.

Dans bien des domaines, nous n'avons pas toujours la possibilité de choisir librement. Ici, c'est vous qui décidez, profitez-en !

Nous allons maintenant entrer dans le cœur de votre texte. Quels sujets allez-vous aborder ? Et de quelle manière ?

4

Faire vivre vos ancêtres : une affaire d'individus… dans un certain contexte

Notre projet est d'écrire un texte documentaire sans ajouter de fiction. En refermant un livre de famille, pourtant, nous devrions pouvoir dire : « Je l'ai lu comme un roman. » Cela signifierait notamment que nous avons été emportés par le caractère vivant du texte, que nous nous sommes sentis proches des individus dont il était question (« On s'y croyait »).

Comment atteindre cet idéal ? Quels matériaux utiliser et comment les faire parler pour animer vos ancêtres ?

Rassembler les informations

Vous disposez sans doute déjà d'un certain nombre de documents, témoignages ou souvenirs personnels concernant l'histoire de votre famille. Peut-être trouverez-vous ici des pistes auxquelles vous n'avez pas pensé. Plus vous aurez d'informations, plus vous pourrez donner de l'épaisseur à votre texte.

Les documents de famille

Dans la maison de vos grands-parents ou d'une grand-tante, vous trouverez de précieux papiers concernant vos ancêtres. Non seulement ils présentent une grande valeur sentimentale, mais vous y puiserez aussi bon nombre d'informations.

Les documents officiels :

- livret de famille ;
- papiers d'identité ;
- livret militaire ;
- titres, décorations ;
- actes notariés (contrats de mariage, actes d'achat et de vente, etc.)...

Les écrits personnels et familiaux :

- lettres, cartes postales ;
- faire-parts ;
- agendas ;
- livres de compte, livres de raison ;
- recettes de cuisine ;
- écrits intimes...

Les pièces liées à la scolarité :

- bulletins et carnets ;
- cahiers ;
- prix et récompenses ;
- diplômes...

Les documents professionnels :

- dossiers de pension ;
- cartes de visite, papiers à en-tête, factures ;
- prix, distinctions, décorations...

Les photos. Si elles ne comportent aucune mention (date, etc.), demandez à une personne âgée de vous fournir le maximum de précisions.

Les témoignages

N'attendez pas ! Interrogez les anciens encore vivants : parents, voisins, habitants du quartier ou du village…

Prenez contact avec eux en vous présentant clairement. Précisez les raisons et les buts de votre démarche, donnez-leur quelques exemples de questions que vous aimeriez leur poser. La confiance qui peut s'instaurer entre votre interlocuteur et vous dépend de ces premiers instants.

Certaines personnes n'accéderont pas à votre demande, pour des raisons diverses mais qui leur sont propres : respectez-les.

Quant à celles qui auront accepté de vous rencontrer, mettez-vous à leur portée :

- rencontrez-les au moment qui leur convient ;
- demandez-leur si elles sont d'accord pour être enregistrées. Si la réponse est positive, placez l'appareil de façon à ce qu'il ne monopolise pas l'attention ;
- demandez-leur l'autorisation de citer ensuite leurs propos (voir p. 75) et, éventuellement, leur nom ;
- respectez leur refus de s'exprimer sur tel ou tel sujet ;
- adaptez-vous à leur rythme. Il s'agit d'un entretien, pas d'un interrogatoire !

Stimulez – sans brusquerie – la mémoire de vos témoins. Pour cela, les supports visuels ou auditifs peuvent être très utiles : photos anciennes, déplacement sur les lieux, document sonore comme l'enregistrement d'une voix…

Ayez en tête les questions que vous voulez poser, elles vous permettront de guider l'entretien et de ne rien oublier. Gardez votre carnet de notes à portée de main au cas où des idées surgiraient.

Vos questions doivent être à la fois suffisamment précises et ouvertes (sauf si vous souhaitez une réponse par « oui » ou par « non »). Les questions ouvertes sont celles qui commencent par « qui », « que », « quand », « où », « pourquoi », « comment » et « combien ». Mais par exemple, la question : « Comment s'est passé le mariage de mes grands-parents ? » est vague ; demandez plutôt : « Qui était invité ? », « Où a eu lieu le repas ? », etc.

Laissez à votre interlocuteur le temps de remonter le fil de sa mémoire et soyez pleinement à l'écoute. Cela signifie que vous devriez aussi entendre la gêne, les hésitations, les doutes, les réticences... et les prendre en considération. Appartiennent-ils à votre interlocuteur ou disent-ils quelque chose de l'histoire de votre famille ?

Comme dans tout travail d'enquête, vous recouperez entre eux les divers entretiens menés ou les croiserez avec d'autres souvenirs, documents écrits... Les souvenirs de chacun sont fragiles et il importe de les comparer si vous souhaitez approcher la « vérité ».

C'est ainsi que vous pourrez mieux connaître et mieux comprendre le passé de vos ancêtres.

Les archives publiques

Nous n'indiquerons pas ici toutes les sources d'archives auxquelles vous avez accès[1]. Vous trouverez ci-après une liste des principaux documents que vous pouvez rechercher, en France, afin d'en savoir plus sur votre famille.

Sur l'état civil[2]

Archives municipales ou départementales :

* actes de naissance ou de baptême[3] ;

---

1. Pour vous aider dans vos recherches, vous pouvez :
   – consulter l'un des ouvrages spécialisés indiqués dans la bibliographie ;
   – adhérer à une association locale ;
   – faire appel à un généalogiste professionnel (des coordonnées sont disponibles sur les sites des chambres professionnelles www.csghf.org et www.cgpro.org).
2. Actes de mariage et actes de naissance indiquent aussi le métier des époux ou des parents respectivement.
3. Avant la Révolution et l'instauration de l'état civil laïc, les baptêmes, bénédictions nuptiales et sépultures étaient enregistrés par les curés de chaque paroisse.

* actes de mariage ;

* actes de décès ou de sépulture.

Archives départementales :

* recensements (XIXe siècle) ;

* listes électorales (XIXe siècle).

Archives nationales :

* dossiers de dispense pour mariages ;

* dossiers de naturalisation ;

* dossiers de changement de nom ;

* recensement dans les anciennes colonies.

Sur la situation professionnelle et économique

Archives des entreprises :

* livrets d'ouvrier, dossiers des personnels.

Archives notariales :

* contrats de mariage et donations entre époux ;

* déclarations de succession ;

* testaments ;

* inventaires après décès ;

* actes d'achat et de vente ;

* baux à ferme ou à loyer.

Archives départementales :

* dossiers des fonctionnaires municipaux et départementaux ;

* registres d'imposition divers ;

* registres des faillites.

Archives nationales :

* dossiers personnels des fonctionnaires civils ou militaires, de médecins, de pharmaciens, de notaires, de curés, pasteurs et rabbins.

Sur les maisons et bâtiments

Archives notariales :

- actes de vente.

Archives départementales :

- cadastre ;
- hypothèques.

Sur le contexte local

Archives municipales.

Archives départementales :

- délibérations des conseils municipaux ;
- recensements ;
- monographies d'instituteurs rédigées à la fin du XIXe siècle.

Les archives militaires

Archives municipales ou archives départementales :

- tableaux de recensement (à partir de l'instauration de la conscription, en 1798).

Archives départementales :

- listes de tirage au sort et listes du contingent (à partir de 1798) ;
- registres matricules (depuis 1867, et dès 1859 pour Paris). Ils donnent une description physique des appelés, renseignent sur leur niveau d'instruction et sur des points particuliers tels que la pratique de l'équitation ou d'un instrument de musique. Enfin, ils indiquent leur statut (soutien de famille, par exemple) et les maladies dont ils souffrent.

Service historique de la Défense :

- dossiers individuels d'officiers (depuis 1740 pour l'armée de terre, à partir de la Révolution pour la marine) ;
- dossiers de pension (depuis 1777 pour les officiers, à partir de 1801 pour tous) ;

- registres du contrôle des troupes (depuis 1716), avec des renseignements morphologiques.

Archives nationales :

- dossiers individuels d'officiers de marine avant la Révolution.

Sur le site www.memoiredeshommes.sga.defense.gouv.fr :

- fichier des « Morts pour la France » (1914-1918, 1939-1945, guerres d'Indochine, de Corée et d'Algérie) ;
- journaux de marches et opérations des unités (1914-1918) ;
- fiches des soldats de l'aéronautique militaire (1914-1918).

Les archives judiciaires

Archives départementales :

- séries B (Ancien Régime) et U, pour les petites et grandes affaires concernant vos ancêtres ou leur lieu de résidence.

Archives nationales :

- dossiers de personnes surveillées par la police.

La documentation générale

Pour mieux connaître et donner chair à vos ancêtres, explorez le contexte (local, historique, social, culturel, économique, etc.) dans lequel ils vivaient. Si vous savez peu de choses sur la vie personnelle de vos aïeux, ces informations vous aideront à percevoir et à restituer la façon dont ils ont pu vivre.

Prenez le temps de vous documenter :

- vous trouverez de très nombreux livres d'histoire locale dans les librairies ou les bibliothèques. Ils concernent la région, le département, la ville et parfois le quartier ou le village même où vivaient vos ancêtres. Les maisons d'édition Alan Sutton, Delattre, Le Livre d'histoire ou Ouest-France, pour ne citer que les plus grandes, publient de nombreux livres d'histoire régionale ;

- les ouvrages d'histoire générale ne se limitent plus à étudier les événements, les périodes, les rois ou les empereurs. Depuis quelques dizaines d'années, ils nous permettent aussi de mieux connaître l'histoire des « petites gens » et leur mode de vie. Histoire de la vie privée, histoire des mentalités, histoire sociale, histoire de la vie quotidienne... voici un domaine passionnant, pour lequel la documentation est foisonnante (quelques références sont indiquées en p. 157).

Qu'ils traitent d'histoire locale ou générale, prenez soin de choisir des ouvrages récents : la recherche avance, en histoire aussi.

Cela dit, des livres anciens vous renseigneront sur la mentalité de l'époque où ils ont été écrits. Les façons de penser, de percevoir le monde étaient si différentes il y a seulement 50 ans !

Quant aux vieux journaux, ils vous fourniront des informations intéressantes sur ce qui a animé la région de vos ancêtres.

Enfin, d'anciennes cartes postales ou gravures vont donneront un aperçu des lieux à telle ou telle époque.

Les informations dont vous disposez, qu'elles proviennent de documents d'archives, de souvenirs ou de lectures, doivent vous servir à faire revivre vos ancêtres. Comment allez-vous les exploiter ?

Nous allons aborder maintenant les différents aspects concernant la vie de vos aïeux. Nous partirons de l'évocation des individus et de leur entourage proche, puis élargirons le cadre aux conditions de vie avant d'aborder les liens avec la grande histoire.

Donner corps et âme aux personnages

Nous allons ici nous centrer sur les personnes et le cercle des intimes : de l'art et la manière de donner vie à quelques dates, de camper vos ancêtres et de les faire parler.

L'état civil

Un individu, c'est d'abord un état civil : la date et le lieu (parfois très précis) des trois grands événements que sont la naissance, le mariage et la mort.

Si vous connaissez l'état civil de la parentèle proche (enfants, parents, frères et sœurs) de vos ancêtres, vous pourrez recréer le contexte familial, montrer l'entourage quotidien de vos ancêtres, ponctuer votre récit avec les grands événements de la vie de famille.

Ne nous contentons pas de ces informations brutes que sont les dates et les lieux : faisons-les parler ! C'est ce que permet justement l'écriture.

Noms et prénoms de nos ancêtres

L'état civil est constitué de dates et d'événements. Mais aussi d'un nom, ainsi que d'un ou plusieurs prénoms. Certains patronymes (noms de famille) reviendront souvent dans votre document. Des indications sur leur étymologie, leur répartition géographique, leurs différentes orthographes, etc., intéresseront sans doute vos lecteurs.

Existe-t-il, d'autre part, des prénoms récurrents dans votre ascendance ? À quelle tradition familiale, à quelle mode historique ou régionale se rattachent-ils ?

Et si l'un de vos ancêtres avait un surnom, n'oubliez pas de le préciser !

Reprenons l'exemple donné p. 45, tiré de la fonction « chronique familiale » d'un logiciel de généalogie.

« Pierre B. voit le jour le mercredi 26 septembre 1798 à Saint-Amand-de-Vergt (24380).

Il est le fils légitime de Léonard B., agriculteur, âgé de 38 ans, et de Marie L., âgée de 32 ans. Ses frères et sa sœur vivants sont : Jean (né en 1791), Gabriel (né en 1793), Jeanne (née en 1796).

Sa mère Marie meurt le 1ᵉʳ novembre 1823, Pierre est âgé de 25 ans.

Son père Léonard meurt le 28 mai 1830, Pierre est âgé de 31 ans.

Il épouse Marie T., cultivatrice, la fille légitime de Charles T. et de Toinette F.

Ce couple aura un enfant : Charles, né en 1847.

Ils se marient le jeudi 6 septembre 1832 à Saint-Amand-de-Vergt (24380).

Le 10 novembre 1847 naît son fils Charles. Pierre est âgé de 49 ans.

Pierre B. est décédé le dimanche 11 août 1861, à l'âge de 62 ans, à Saint-Félix-de-Villadeix (24510). »

Voici la version plus animée que vous pouvez en tirer, sans ajouter d'informations supplémentaires (hormis la mention à la Révolution).

« Le mercredi 26 septembre 1798, neuf ans après la Révolution française, Pierre B. voit le jour à Saint-Amand-de-Vergt, un village de Dordogne.

Léonard, son père, est alors âgé de 38 ans ; Marie, sa mère née L., a 32 ans. Lorsqu'il naît, Pierre a déjà deux frères et une sœur : Jean, 7 ans, Gabriel, 5 ans, et la petite Jeanne, 2 ans. (On voit ici plus précisément avec qui vit Pierre dans sa prime enfance.)

Pierre perd sa mère le 1ᵉʳ novembre 1823, la veille du « jour des Morts » ; il a tout juste 25 ans. En revanche, c'est au cœur du printemps que Pierre voit disparaître son père, six ans et demi plus tard. (On situe dans le temps ces événements marquants.)

Pierre est alors âgé de 31 ans. Il est agriculteur et songe sans doute à fonder une famille. C'est ainsi que deux ans et demi plus tard, il épouse, dans son village de Saint-Amand-de-Vergt, Marie T., fille de Charles T. et de Toinette F. Nous sommes le 6 septembre 1832, qui est un jeudi. Pierre est sur le point d'avoir 34 ans.

Marie, cultivatrice, donne naissance à Charles, notre ancêtre direct, le 10 novembre 1847. Pierre n'est plus tout jeune, puisqu'il a 49 ans.

Il meurt à l'âge de 62 ans à Saint-Félix-de-Villadeix, à quelques kilomètres du village où il est né. En ce dimanche 11 août 1861, son fils Charles n'a que 13 ans. »

Beaucoup de développements pourraient être apportés ici ; nous les aborderons tout au long de ce chapitre.

Mais nous voyons comment nous pouvons commencer à animer nos ancêtres à partir de simples informations « administratives ». Tout d'abord, en donnant des repères dans le temps et dans l'espace, et surtout en reliant les informations (« deux ans et demi plus tard », « à quelques kilomètres »). Ensuite, en prenant du recul par rapport aux données brutes et en nous plaçant du point de vue de la personne concernée (ici, Pierre). Du point de vue de sa *vie*.

Tirez tous les fils qui se présentent à vous : quel âge avait votre ancêtre aux grands moments de son existence (mariage, naissance de ses enfants, décès de ses parents, etc.), quel âge avaient ses proches, quelle était la composition de la famille au moment de son décès ?…

Tentez de vous mettre « à la place » de vos ancêtres, ou plutôt « à côté » d'eux. Si vous vous transposez ainsi, si vous vous représentez leur vie, vous pourrez aisément écrire dans un style plus vivant que si vous recopiez des informations brutes.

Attention, toutefois, à ne pas envisager la vie des siècles passés avec les yeux de notre époque, parfois radicalement différente. C'est pourquoi je préfère dire que nous devons nous mettre « à côté de » nos ancêtres plutôt qu'« à leur place ».

> Voici un petit jeu d'écriture, pour vous entraîner à transformer des notes en un texte lié et vivant.
>
> Comment pouvez-vous donner de l'épaisseur au parcours d'Eugène C. ?
>
> Né le 28 mars 1887 à Messei (Orne), décédé le 18 décembre 1952.
>
> Marié le 12 mars 1914 avec Camille V. (9.07.1890/22.08.1987).
>
> Agriculteur de métier, possède une petite ferme comprenant trois vaches et deux chevaux.
>
> Mobilisé le 1er août 1914, démobilisé le 6 juin 1919.
>
> A eu 4 enfants :
>
> Victor (21.02.1915/01.06.1916), décédé d'une méningite ;
>
> Jean (né le 12.09.1919) ;
>
> Pierre (5.06.1921/17.07.1921) ;
>
> Marie (3.04.1924/4.04.1924).

15'

Le portrait physique

Le portrait physique est une forme particulière de la description.

Si vous possédez une photo représentative de votre ancêtre, vous pouvez en agrémenter votre texte tout en fournissant des précisions : « Grand-père Louis avait toujours les cheveux en bataille », « Tante Ophélia ne portait que des vêtements sombres », « À partir de la soixantaine, Aristide, usé par les travaux agricoles, se voûta de plus en plus », « Elle marchait toujours en traînant les pieds », etc.

Si vous ne possédez aucune photo, vous pouvez dresser un portrait physique de vos ancêtres récents grâce à vos souvenirs ou à des témoignages.

Enfin, quelques documents d'archives fournissent un signalement : registres matricules, passeports intérieurs ou archives judiciaires.

Sur le plan technique, vous pouvez décrire vos ancêtres d'un seul coup, dans un passage unique, ou les faire découvrir peu à peu au fil du chapitre ou de la partie qui les concerne.

Par ailleurs, votre portrait peut être statique ou dynamique. Dans le premier cas, votre œil se déplace sur votre ancêtre immobile (« Lucienne avait les cheveux bruns, ses yeux étaient bleus... ») ; dans le second, le personnage est en action (« Avant de se coucher, Lucienne coiffait ses cheveux bruns »).

Pour les personnes que vous avez connues, mettez en avant ce qui les caractérisait et délaissez les aspects communs. Vous pouvez enrichir votre portrait :

- de comparaisons : « Il n'assumait pas trop sa carrure de bûcheron » ;
- d'oppositions : « Sa large bouche contrastait avec son petit nez » ;
- d'impressions subjectives : « Ses sourcils noirs très épais lui donnaient un air sévère. »

Pour éviter de répéter les verbes être et avoir, regroupez plusieurs éléments du portrait en une seule phrase : « Lucienne avait les cheveux bruns, les yeux bleus et de grandes mains fines toujours soignées. »

Pour autant, essayez de ne pas tomber dans l'accumulation de caractéristiques, comme dans la phrase suivante : « Sur sa fiche matricule, il est noté qu'il avait des cheveux et des sourcils châtain foncé, des yeux verts, un visage ovale, un front ordinaire, un nez droit ainsi qu'une petite bouche. »

Voici ce que nous pourrions plutôt écrire au sujet de ce conscrit : « Grâce à sa fiche matricule, nous savons qu'il avait un visage ovale, encadré par des cheveux châtain foncé. Son nez était droit, sa bouche petite. Ses yeux, eux, étaient de couleur verte. »

Les éléments du portrait physique

- Taille, poids, silhouette.
- Démarche, attitude (leste, gracieuse…).
- Chevelure.
- Visage (forme générale, teint, yeux et regard, nez, oreilles, bouche, moustache ou barbe…).
- Corps (cou, buste, bras, mains, jambes…).
- Traits familiaux.
- Signes particuliers.
- Mimiques ou gestuelle particulières.
- Vêtements, chaussures, accessoires (lunettes, chapeau ou casquette, bijoux, montre…).
- Voix, accent, manière de parler.
- Maladies, infirmités.

Ces données évoluent au fil du temps : n'oubliez pas de dater votre portrait !

Amusez-vous à brosser le portrait physique de personnes :

– de votre entourage proche (amical, familial, professionnel…) ;

– que vous rencontrez de temps en temps (à la boulangerie, devant l'école de vos enfants, au club de sport ou de loisirs…) ;

– que vous observez depuis une terrasse de café, par exemple.

Selon les cas, vos textes iront de la description minutieuse au simple croquis. Tous peuvent être travaillés de sorte qu'ils donnent une représentation la plus vivante, la plus charnelle possible.

 10'

Vous gardez peut-être une image particulière de l'apparence d'un aïeul. Décrivez-la avec précision, de même que tous les éléments de la scène.

Comme dans l'exemple ci-dessous, utilisez l'imparfait (qui est le temps du passé employé pour les actions qui se répètent) et n'employez que la 3e personne du singulier.

« Il apparaissait au petit déjeuner, parfumé et peigné avec soin, vêtu d'une redingote noire impeccable et d'une cravate en satin blanc. Il jetait son regard alerte et vif, qu'il garda jusqu'à sa mort, sur la table garnie de crème, de petits pains farcis ou non, certains dorés, d'autres très grillés.[1] »

 10'

La vie intérieure

Cette expression recouvre les dimensions psychologique, culturelle et spirituelle de vos ancêtres.

La psychologie

Ici, en principe, vous disposerez d'informations sur vos seuls ancêtres récents.

---

1. Nina Berberova, *C'est moi qui souligne*, Actes Sud, 1989, p. 49.

Souvenirs et témoignages, que vous recouperez ou retranscrirez avec précaution, seront la base des portraits psychologiques que vous brosserez : grands traits de caractère, valeurs, motivations, fragilités, habitudes…

Vous pouvez aussi évoquer la vie amoureuse et conjugale, les relations avec la famille ou les amis.

Les anecdotes sont les bienvenues ! Elles donneront du relief à votre texte et à votre personnage. Sélectionnez celles qui sont drôles, instructives ou éclairantes, révélatrices du caractère ou du comportement de votre ancêtre.

Si vous n'êtes pas certain de leur véracité, avertissez-en vos lecteurs. Peut-être ces histoires, parfois racontées à satiété, ont-elles été déformées au fil du temps pour instaurer ou consolider un mythe familial… que vous n'êtes pas obligé d'entretenir.

Quant aux ancêtres que personne autour de vous n'a connus, leur portrait psychologique sera évidemment plus difficile à établir. Mais peut-être avez-vous la chance de posséder des documents écrits de leur main : lettres, journal de guerre (beaucoup de soldats en ont rédigé en 1914-1918), mémoires, journal intime, testaments…

Vous pourrez aussi formuler des hypothèses à partir d'indications portées dans les archives militaires ou judiciaires, notamment.

Les éléments du portrait psychologique

- Les grands traits de personnalité.
- Qualités et défauts majeurs.
- Comportements, manies, habitudes.
- Vision du monde, valeurs, croyances.
- Passions, goûts, centres d'intérêt.
- Fragilités particulières.
- Aptitudes manuelles, intellectuelles, sportives, artistiques.

Dans tous les cas sans exception, la prudence est de mise : pouvons-nous vraiment connaître les pensées ou les sentiments d'une personne, même si celle-ci en a fait part ? Pour être le plus juste possible, donc, évitez de vous lancer dans une analyse psychologique et parlez des membres de votre famille du point de vue extérieur : au fil de la partie ou du chapitre consacré à votre ancêtre, précisez à vos lecteurs son comportement en diverses circonstances, les décisions qu'il a prises, ses expressions favorites, ses manies…

« Il n'a jamais mis les pieds dans un musée. Il s'arrêtait devant un beau jardin, des arbres en fleur, une ruche, regardait les filles bien en chair. Il admirait les constructions immenses, les grands travaux modernes (le pont de Tancarville). Il aimait la musique de cirque, les promenades en voiture dans la campagne, c'est-à-dire qu'en parcourant des yeux les champs, les hêtrées, en écoutant l'orchestre de Bouglione, il paraissait heureux.[1] *»*

Montrer ses actes et faire entendre ses paroles (voir p. 73) sera plus parlant et plus fiable que le point de vue intérieur, c'est-à-dire celui des idées, sentiments ou émotions. Et ce, d'autant plus que nous projetons souvent nos propres pensées de façon inconsciente.

Cela vaut aussi pour les ancêtres des temps lointains. Il est risqué et vain d'imaginer ce qu'ils ont pu ressentir face à tel ou tel événement, d'interpréter telle union ou tel départ. Comme nous le rappelle l'historien Alain Corbin, que vous lirez avec grand profit, *« on ne peut pas connaître {les} sentiments, {les} émotions ni {le} savoir d'un inconnu*[2] *»*.

---

1. Annie Ernaux, *La Place*, Gallimard, coll. Folio, 1983, p. 65.
2. France Culture, *La Fabrique de l'histoire*, 16 mai 2011. Le livre d'Alain Corbin intitulé *Le Monde retrouvé de Louis-François Pinagot* n'est pas un ouvrage familial, mais part sur les traces d'un inconnu ayant vécu au XIXe siècle. Cet ouvrage de référence vous donnera bien des pistes et des envies. Alain Corbin, *Le Monde retrouvé de Louis-François Pinagot*, Flammarion, coll. Champs, 1998.

Puis-je dévoiler un secret de famille ?

Certains secrets de famille sont véniels, ou si anciens qu'il y a prescription.

D'autres, en revanche, peuvent devenir toxiques, néfastes, voire franchement destructeurs. Si vous connaissez un tel secret de famille, vous pouvez légitimement être tenté de briser le silence.

Mais en dévoilant brutalement et par écrit un secret de famille, ne risquez-vous pas de provoquer un choc aussi ravageur que le secret lui-même ?

Il peut, certes, être plus facile d'écrire ce lourd secret que de le dire, de le *révéler via* un texte que de le *communiquer* oralement. Mais la prudence est de mise. Mieux vaut dans un premier temps vous confier à un « dépositaire professionnel ». Il vous « *proposera de travailler tout cela avant de pouvoir en parler, afin de savoir comment le dire et à qui*[1] ».

La culture

Pour faire le portrait culturel de vos aïeux, vous pouvez indiquer leur niveau d'instruction, leurs diplômes, leurs aptitudes intellectuelles.

Mais par « culture », j'entends aussi leurs aptitudes artistiques ou manuelles, leurs goûts, leurs passions, leurs loisirs. À quoi s'intéressait votre ancêtre ? Lisait-il le journal, et lequel ? Possédait-il des livres, des almanachs (dans les archives notariales, vous pourrez peut-être mettre la main sur l'inventaire après décès décrivant sa bibliothèque) ? Faisait-il de la musique, pratiquait-il un sport ?

Si vous ne savez rien de tout cela, quelques lectures profitables vous en apprendront un peu plus sur le contexte de l'époque : chants et musique populaires, évolution de l'alphabétisation, savoir-faire et artisanats, etc. Vous n'en tirerez pas de fermes conclusions sur la vie

---

1. Martine Quesnoy-Moreau, *Secrets intimes, secrets de famille*, Chronique sociale, 2003, p. 94.

culturelle de vos ancêtres, mais pourrez imaginer ce qu'elle put être. Dans votre texte, vous synthétiserez les informations qui vous paraissent les plus intéressantes et poserez des questions… qui resteront sans réponse.

Religion et spiritualité

Cet aspect relève de la vie intérieure, mais est aussi lié à la vie sociale et aux grandes phases de l'histoire (guerres de religion, sécularisation, etc.). Précisez le contexte religieux de l'époque et du lieu où vivaient vos ancêtres, afin de mieux faire comprendre leurs comportements.

Que savez-vous de leurs croyances et de leur pratique religieuse ? Observaient-ils les sacrements ? Se rendaient-ils aux offices ? Adhéraient-ils à une association religieuse ? Étaient-ils des adeptes de la libre-pensée, de la théosophie, de cultes païens… ou autres ?

Portrait physique et portrait psychologique se mêlent bien souvent. Voici la façon savoureuse dont Marguerite Yourcenar parle de son aïeul, fonctionnaire du Second Empire :

« On a de lui deux portraits datant de ces années soixante-dix {…}. L'un est du genre solennel. Le "patricien flamand" a pris de la carrure et a perdu l'air sombre qui nous intéressait en lui vers 1860. Il porte l'habit chamarré de son poste et tient entre ses belles mains son bicorne. C'est le portrait d'un fonctionnaire loyal, tout intégrité et autorité, prêt à se faire coller au mur, s'il le faut, par les ennemis de l'ordre. L'autre, une photographie {…}, montre un personnage tout aussi officiel, mais aux traits et aux favoris un peu moins tirés au cordeau. L'œil narquois, quasi sorcier, trop beau pour son possesseur, conviendrait à un paysan celte indiquant aux légionnaires la mauvaise route à travers un marécage {…}.[1] *»*

Amusez-vous au même exercice que Marguerite Yourcenar, sans pour autant chercher à imiter son style. Choisissez

____

1. Marguerite Yourcenar, *Archives du Nord*, Gallimard, coll. Folio, p. 235.

quelques photos d'une personne de votre famille et tentez de caractériser sa personnalité.

 20'

Faire parler vos ancêtres

Pour faire vivre vos ancêtres et les caractériser, vous pouvez souhaiter leur donner la parole.

Cela signifie que vous retranscriviez des propos réels (et non imaginaires), que vous avez entendus ou qui vous ont été rapportés.

Ces propos doivent aussi amener une information ; par exemple, renseigner sur des actions ou des événements, éclairer la psychologie de votre ancêtre, faire entendre sa langue.

Vous pouvez les rapporter :

- au style direct : « Un jour que nous passions devant le 70 boulevard Liédot, ma grand-mère me dit : "Mes parents se sont installés ici en 1892, l'immeuble venait juste d'être construit". » ;

- au style indirect : « Un jour que nous passions devant le 70 boulevard Liédot, ma grand-mère me dit que ses parents s'étaient installés là en 1892, alors que l'immeuble venait juste d'être construit. »

Pourquoi aussi ne pas retranscrire des dialogues ? Cela aérera votre texte et lui donnera un côté vivant apprécié de vos lecteurs. Mais attention, il ne s'agit pas d'en insérer à tort et à travers ! Là aussi, un dialogue n'est intéressant que s'il donne des informations ; par exemple, révéler les émotions de votre ancêtre ou faire comprendre les relations entre son interlocuteur et lui.

« Madeleine n'était jamais à l'heure, ce qui provoquait souvent des chamailleries avec Fernand :

— Dépêche-toi, on va encore arriver en retard à la messe !

— Oh bon sang, est-ce que tu arrêteras un jour de me bousculer ? »

Voici un autre exemple de dialogue :

« Cet après-midi-là, un homme frappe à la porte. Tout de go, il lance à mon grand-père :

— Il y aura une rafle ce soir et je sais que votre nom est sur la liste. Vous avez le temps de vous cacher.

— J'ignore de quoi vous parlez.

— Croyez-moi. Je viens de la part de votre fille, je travaille au commissariat de l'arrondissement à F. Prenez vos affaires et partez. »

Et un troisième :

« Un jour, mon oncle demanda à ma grand-mère :

— Tu t'occupes de ton père, mais est-ce que tu l'aimes ?

— Je le supporte. »

Nous voyons que tous ces dialogues apportent des informations ; remplacez les autres par une narration.

D'autre part, gardez à l'esprit que des dialogues écrits en langage trop parlé ne sonneront pas plus « vrai ». Les paroles échangées doivent être rapportées dans un style situé entre la langue orale (celle que parlait votre ancêtre) et le français soutenu, qu'il s'agisse de la syntaxe ou du vocabulaire. Comme l'a écrit Louis Timbal-Duclaux, *« c'est un style "artificiel" qui fait naturel*[1] *»*. Néanmoins, respectez les origines et la personnalité de ceux que vous faites parler.

Pour écrire des dialogues :

* séparez les répliques par un retour à la ligne et un tiret ;

* n'employez pas forcément les verbes que l'on appelle « déclaratifs » (dire, affirmer, répondre et tant d'autres). En principe, votre lecteur doit savoir qui parle sans que vous ayez besoin de le préciser. Cela étant, vous pouvez ajouter de temps en temps un « dit-elle » ou autre « a-t-il répondu » ;

---

1. Louis Timbal-Duclaux, *Le Travail du style littéraire*, Écrire aujourd'hui, 4ᵉ édition, 1997.

- conjuguez ces verbes déclaratifs au même temps que celui du récit (passé simple, passé composé ou présent) ;

- ne négligez pas la ponctuation (points, points d'interrogation et d'exclamation), qui précise le ton du locuteur ;

- variez la longueur des répliques, de façon à éviter toute monotonie ;

- vous pouvez insérer quelques éléments descriptifs : « Nous en reparlerons, lui lança-t-elle en s'essuyant les mains sur son éternel tablier noir. » « Je partirai dès demain, fit Marcel. Puis, il ajusta ses cheveux en bataille. »

Comme présenter les témoignages ?

Nous avons parlé p. 57 de la façon de recueillir des témoignages. Si vous voulez en citer des extraits, vous pouvez, comme pour d'autres propos, procéder de deux manières :

- les injecter dans votre récit au style indirect : « D'après Martine, l'oncle André jouait fort bien de l'accordéon. Le 14 juillet 1936 ou 1937, il aurait enflammé le bal du village. » ;

- les insérer sous forme de citation, au style direct : « Martine nous raconte : "Tonton André jouait très bien de l'accordéon. Je me souviens que le 14 juillet 1936 ou 1937, il a enflammé le bal du village." »

L'avantage du second procédé est son côté vivant. En changeant le mode du récit, il évite aussi une éventuelle monotonie et « réveille » le lecteur.

Reconstituer le cadre et le contexte

Élargissons maintenant le cadre, pour mieux animer vos ancêtres. Faisons revivre les lieux, frottons-nous à la réalité du travail et de l'argent, transportons-nous en société, plongeons dans le quotidien !

L'environnement

Nous nous intéressons ici au cadre de vie : village, quartier ou ville ; hameau ou rue ; maison ou appartement. Comment donner de l'épaisseur à une adresse ?

Décrire le décor

Bien sûr, il y a le cadre géographique proprement dit : la localisation, la topographie, le climat… Il y a aussi les rues, les édifices, les bâtiments, l'agencement de la maison ou de l'appartement, le jardin ou le parc, toutes choses que vous pouvez décrire.

En lisant une description, on voit un paysage, un décor, et ceux qui s'y déplacent prennent de la consistance. De plus, le cadre quotidien de votre ancêtre a pu influer sur le cours de son existence. Voit-on la vie de la même manière selon qu'on a vécu au bord de la mer ou dans la ruelle d'un bourg ? Dans un village du Nord de la France ou dans un hameau du Sud ? Dans une masure ou dans une maison bourgeoise ? Vous vous garderez bien de parler à la place de votre ancêtre, mais vous pouvez donner à voir et à sentir ce que fut son cadre de vie.

Comme pour le portrait physique, les images sont parlantes mais ne traduisent pas tout : l'atmosphère, en particulier. Grâce aux mots, vous pouvez justement recréer des impressions, une ambiance.

L'idéal, si vous le pouvez, est de rédiger votre description sur place. Toutefois, les lieux peuvent avoir changé depuis l'époque où vos ancêtres y vivaient. Appuyez-vous sur de la documentation (photos, archives, ouvrages ou sites Web évoquant la maison, le village ou la ville de vos ancêtres) ou sur vos éventuels souvenirs, interrogez les anciens. Synthétisez ces éléments en tentant de rester fidèle à la réalité passée.

Que vous écriviez votre description sur place, à partir de vos souvenirs ou de documents, qu'elle concerne un paysage extérieur ou un lieu fermé, faites appel à vos sens. Cela vous permettra d'aller au-delà de la simple description matérielle des lieux et de restituer une atmosphère.

- La vue : choisissez un angle de vision, puis déplacez votre regard et notez ce que vous voyez. Pour permettre au lecteur de se repérer dans l'espace, utilisez des indicateurs spatiaux (« au premier plan », « à l'arrière-plan », « au loin », « en haut », « plus bas », « sur la gauche »), faites des zooms avant ou arrière. Précisez les formes, les dimensions, les distances ; les matériaux, les couleurs, l'état (pimpant, robuste, sale…).

- L'ouïe : rendez-vous sur les lieux et tendez l'oreille. En faisant abstraction des éventuelles rumeurs automobiles, qu'entendez-vous ? Le bruit d'une rivière ? Des arbres centenaires qui frémissent au vent ? Une cloche d'église ? Si la maison est située près d'une voie de circulation, votre ancêtre n'a-t-il pas vécu au son des chevaux ? Quels autres animaux vivaient aux abords ? Quels commerces, quels artisans, quelles usines étaient implantés ?…

- L'odorat : les choses se compliquent mais, en vous fondant dans l'environnement, vous pouvez imaginer l'univers olfactif de vos ancêtres. Ceux-ci vivaient-ils au bord de la mer ? Quels aliments étaient cuisinés ? Des animaux (pas seulement domestiques…) vivaient-ils dans la maison ? Quels artisans, quelles industries se trouvaient à proximité ?

Voici deux exemples de description. Le premier texte a été écrit à partir de souvenirs :

« Tam Dong, c'était d'abord une rue principale et quelques rues adjacentes, toutes en terre. À l'entrée du village, l'école bruissait de cris d'enfants et quelques marchands vendaient du riz, des fruits et des légumes colorés, un peu de viande. Notre famille vivait 50 mètres plus loin.

La maison faisait face à un bel étang, qui était aussi un lieu de vie : les habitants y pêchaient, y faisaient la lessive, s'y baignaient parfois.

À l'autre bout de la rue principale, le village s'ouvrait sur les rizières verdoyantes qui faisaient vivre le pays. Et partout autour de nous, une végétation luxuriante, des bambous, des cocotiers… De la poussière, aussi.

Trois générations vivaient dans notre petite maison de briques et de terre. Dans la pièce principale, s'imposait l'autel en bois peint dédié aux ancêtres. Ce meuble rouge et or mesurait environ 3,50 mètres de large, 1,50 mètre de haut et 2 mètres de profondeur.

Deux lits étaient placés de part et d'autre de l'autel : celui de gauche accueillait tous les enfants, tandis que celui de droite était réservé aux parents.

Nous entreposions notre réserve de riz dans la seconde pièce, minuscule, de la maison. C'est aussi là que dormaient les grands-parents.

Attenante à la maison, une petite construction au toit de chaume faisait office de cuisine et de salle à manger.

La famille se lavait à l'eau du puits et se rendait au fond de la cour pour aller aux "toilettes" : un simple trou, royaume des mouches et des bestioles, autour duquel stagnait une odeur nauséabonde... »

Le texte suivant a été rédigé à partir de documents d'archives :

« L'état des lieux établi en juin 1780 indique que la maison ne comprend que deux pièces. Elles correspondent à la salle à manger et à la cuisine actuelles. Il y avait aussi une grange, qui occupait la place où sont aujourd'hui le bureau et le petit chai. Le document précise que "la muraille du levant et celle du midi ont été refaites à neuf depuis peu".

Le petit chemin qui part de l'arrière de la maison conduit à une parcelle de quatre hectares, dont les deux tiers sont plantés de vigne. [...]

On lit aussi que l'état de la propriété est médiocre : une partie des terres sont en friche, les vignes sont vieilles et ravinées, la végétation est constituée de ronces et de broussailles. Le tableau n'est pas séduisant. »

Une description peut être ennuyeuse à lire si elle est trop statique. Pour pallier cet écueil, favorisez les noms et les verbes d'action, qui donneront du mouvement à votre description.

Par exemple, au lieu d'écrire : « La maison comporte deux étages. À l'arrière, se trouvent une cour et un petit bâtiment annexe », dites plutôt : « Dans la maison, un escalier [de bois sombre] dessert les deux étages. À l'arrière, une porte permet d'accéder à la cour. En parcourant une dizaine de mètres vers la droite, on arrive devant un bâtiment d'environ 15 m^2 dans lequel mes grands-parents rangeaient leurs outils. »

Sans être exhaustif et en restant sobre, soyez précis dans le choix des mots employés.

Si vous souhaitez rendre votre description encore plus dynamique, vous pouvez non pas y consacrer un passage entier dans votre texte, mais la faire progresser au fur et à mesure que vous avancez dans le récit. Dans le premier cas, c'est votre regard qui se déplace ; vous plantez le décor. Dans le second, des éléments sont donnés à voir en même temps que les personnes s'y déplacent ; mais cela ne vaut que pour les parents dont vous connaissez assez précisément la vie quotidienne...

Décrivez votre environnement proche (votre rue, par exemple) avec la même concision, la même précision et la même objectivité que Georges Perec dans le texte ci-dessous. À partir de vos notes, écrivez ensuite un texte dans votre style habituel.

« Sur la gauche (côté impair), le n° 1 a été ravalé récemment. C'était, m'a-t-on dit, l'immeuble où vivaient les parents de ma mère. Il n'y a pas de boîte aux lettres dans l'entrée minuscule. Au rez-de-chaussée, un magasin, jadis d'ameublement (la trace des lettres MEUBLES est encore visible), qui se réinstalle peut-être en mercerie à en juger par les articles que l'on voit en devanture. Le magasin est fermé et n'est pas éclairé.

[..]

Au 19, une longue maison à un seul étage.

Au 16, un magasin fermé qui aurait pu être une boucherie.

Au 18, un hôtel meublé flanqué d'un café-bar : Hôtel de Constantine.

Au 22, un vieux café, fermé, sans lumières : on distingue une grande glace ovale au fond. Au-dessus, au deuxième étage, un long balcon de fer forgé, du linge qui sèche. Sur la porte du café, un écriteau : la maison est fermée le dimanche.[1] »

Montrer la vie qui palpite

Maintenant que vous avez montré le décor, vous pouvez parler de ce qui s'y déroulait et du contexte quotidien dans lequel vivaient vos ancêtres. Même si vous ne savez rien de la vie personnelle de vos

---

1. Georges Perec, *L'Infra-Ordinaire*, Le Seuil, coll. La Librairie du XXᵉ siècle, 1989, pp. 15-16 et 18.

aînés, ce type d'informations vous aidera à faire saisir un peu de leur existence.

Qui habitait le même hameau, quartier, ville ou village ? Avec quel niveau de vie ? Quels artisanats, commerces, cultures ou industries y trouvait-on ? Quelles commodités (lavoir, four, etc.) ? Quelles étaient les fêtes, les traditions, les légendes locales ? Les particularités vestimentaires ? À quoi ressemblait la langue ? Que trouvait-on à acheter au marché ? Au fait, quel jour se tenait le marché ?

De quels petits ou grands événements votre ancêtre a-t-il pu être le témoin, voire l'un des acteurs ? A-t-il assisté à la construction d'une église, à l'arrivée du chemin de fer ? Vécu une tempête, souffert d'hivers glacés ou de canicules accablantes ? A-t-il connu des périodes de disette ou d'abondance ? Quelles épidémies se sont abattues autour de lui ? De quelles petites et grandes affaires locales a-t-il entendu parler ? Finalement, quelle vie palpitait là ?

Quand nos ancêtres prenaient la route

Vos ancêtres ont sans doute été amenés à changer de lieu de vie, de région, voire de pays. Connaissez-vous les raisons de ces migrations ? S'expliquent-elles par des motifs économiques : opportunité de trouver un meilleur emploi, appauvrissement des sols dans la région d'origine, faillite, etc. ? Ou votre famille est-elle partie à cause d'une brouille familiale, d'une épidémie, de persécutions, de la guerre... ?

Ici encore, placez-vous à côté de vos ancêtres et tentez de déterminer en quoi leur vie a été marquée par les éléments dont vous avez connaissance. Par exemple, si vos lointains aïeux vivaient dans le comté de Foix, inutile de développer l'histoire de cette province. En revanche, si le comte de Foix a fait halte un beau jour dans le village de votre ancêtre, il est à parier que ce dernier en a au moins entendu parler.

Le parcours économique

Vous connaissez probablement le(s) métier(s) et le niveau de vie approximatif de vos ancêtres. Nul besoin, sans doute, de vous suggérer d'expliciter ces informations.

Le métier

Par exemple, qu'appelait-on « laboureur » autrefois, et comment vivait cette catégorie de paysans ? Quelle était la différence entre un métayer et un fermier ? Si votre ancêtre était paysan, que cultivait-il ? Faisait-il de l'élevage ?

Si votre arrière-grand-père était drapier, donnez quelques indications sur le mode de fabrication de l'époque (sans trop multiplier les détails techniques), les conditions de travail, les revenus, les us et coutumes, etc.

L'un de vos aïeux du XIXe siècle a travaillé dans un grand magasin parisien ? Lisez *Au bonheur des dames*, d'Émile Zola, pour mieux vous représenter la vie de ces employés et la décrire dans votre texte.

Si vous indiquez un grade, n'omettez pas de le situer dans la hiérarchie du métier concerné. Si vous évoquez promotions et mutations, précisez si ce parcours était courant ou remarquable. En bref, donnez de la perspective. Vous avez sans doute beaucoup de choses à dire !

Par ailleurs, vos ancêtres ont peut-être changé de métier au cours de leur vie ou ont interrompu la tradition professionnelle de la famille : pourquoi ?

L'argent et les biens

De même, pensez à préciser ce que représente un salaire de 30 000 francs en 1960, un héritage de 420 000 francs en 1930 ou une créance de 1 500 francs en 1860 ; l'achat d'une automobile ou d'une terre de 50 journaux. Mettez en parallèle les biens de votre ancêtre au début de sa vie d'adulte et ceux enregistrés après sa mort.

Évoquez le contexte économique de l'époque. Par exemple, les réformes qui ont mis vos ancêtres sur la paille… ou leur ont donné de l'élan.

Si vous voulez parler des biens figurant sur un contrat de mariage, ne vous limitez pas à en reproduire la liste. Souvent, vous avez procédé à une analyse mais ne la communiquez pas dans votre livre. Or, vos lecteurs n'ont pas toujours les moyens d'interpréter les informations. Pensez, donc, à mettre les données brutes en perspective. Vous pouvez ainsi comparer le contrat de mariage de vos aïeux avec celui d'autres habitants du village ou le rapporter au niveau de vie de l'époque. Que représentait cette année-là une dot de 200 livres ? Quelles informations sur la fortune et la vie quotidienne de vos ancêtres vous donne la liste de ces biens ?

Si la future épouse apporte en dot une « robe noire de burat pour le jour des noces », vos lecteurs risquent d'être surpris. Ne les laissez pas en plan et explicitez la façon dont s'habillaient les mariées à telle ou telle époque, cela les intéressera certainement.

Vos lecteurs découvriront avec plaisir deux ou trois listes de biens ; au-delà, ils risquent de se lasser. En revanche, ils apprécieront que vous leur transmettiez une synthèse de ces documents, leur substantifique moelle.

En mettant les informations en perspective et en donnant du sens, vous produirez un texte vivant qui captivera vos lecteurs.

Les autres sources de revenus

Votre ancêtre vivait-il par d'autres moyens que le travail ? Cela peut aller des ressources d'un potager jusqu'au boursicotage, en passant par des extras dans la restauration, la location d'une maison ou la réalisation occasionnelle de travaux de couture, par exemple.

Peut-être aussi avez-vous retrouvé trace d'un ascendant dans la liste des indigents aidés par la paroisse ou la commune ?

Restez prudent, cela ne fait aucun doute

Pour donner à vos lecteurs les moyens de comprendre l'histoire familiale, vous émettrez analyses, hypothèses et interprétations. Soyez précis et prudent dans la manière dont vous les présenterez. Une myriade de possibilités s'offrent à vous pour exprimer le doute ou la certitude. En voici quelques-unes…

« Il semble qu'elle ait quitté Reims en 1825. »

« Elle a peut-être quitté Reims en 1825. »

« A-t-elle quitté Reims en 1825, impossible/difficile de l'affirmer. »

« Il est possible qu'elle ait quitté Reims en 1825. »

« Elle aurait quitté Reims en 1825. »

« On suppose qu'elle a quitté Reims en 1825. »

« Elle a probablement quitté Reims en 1825. »

« On peut affirmer qu'elle a quitté Reims en 1825. »

« Il ne fait aucun doute qu'elle a quitté Reims en 1825. »

« Elle a quitté Reims en 1825, nous pouvons en être certains. »

Et bien sûr, étayez vos affirmations :

- « Était-il également métayer du seigneur A. ? C'est ce que semble indiquer une reconnaissance de rentes datée du… »
- « Sans doute ont-ils quitté la France parce qu'ils espéraient faire fortune » : si vous avez des arguments sérieux pour le penser, exposez-les. Dans le cas contraire, remplacez « sans doute » par « peut-être », car « peut-être » sont-ils partis pour un tout autre motif.

Visez l'objectivité, fournissez les arguments qui appuient une thèse ou une autre, exprimez vos incertitudes le cas échéant.

La vie sociale

Généralement liée au statut économique, la vie sociale inscrit votre ancêtre dans son espace et dans son temps.

Le service militaire

Pour ces messieurs, la conscription représentait souvent la première occasion (souvent mal vécue) de quitter sa région et de se frotter à d'autres milieux.

Les archives militaires peuvent nous en apprendre un peu plus sur nos ancêtres masculins : description physique, niveau d'instruction, aptitudes particulières comme la connaissance de la musique, la pratique de l'équitation ou de la natation, la possession du brevet de conducteur automobile, etc.

S'agissant du parcours militaire proprement dit, la liste des différentes affectations ou des faits d'armes de votre aïeul peut être longue. Si vous tenez à la reproduire intégralement, assortissez-la d'un bref résumé qui suffira à certains de vos lecteurs. En outre, vous pourrez y glisser ce que vous aurez lu entre les lignes : par exemple, que votre ancêtre a fait preuve de beaucoup de talent ou de courage (il ne s'agira pas là d'un jugement personnel, mais d'une conclusion étayée par des éléments tangibles comme l'obtention de médailles, par exemple).

Vous pouvez aussi tenter de transformer cette liste en un récit aussi vivant que possible. Pour ce faire, limitez les formes passives telles que « il est nommé » ou « il est incorporé » ; dites plutôt « il reçoit », « il part », « il participe », « il rentre »...

Si votre aïeul a tenu un journal de guerre, quels éléments remarquables donneraient à vos lecteurs l'envie d'y regarder d'un peu plus près ?

Les relations

Dans la vie courante, vos ancêtres étaient reliés à des connaissances, des amis, une parentèle plus large que le cercle des proches. Les voilà donc qui conversent, s'animent, rient, pleurent et vibrent : la vie, quoi.

Parmi l'entourage quotidien de vos prédécesseurs, figuraient leurs voisins immédiats. Qui étaient-ils ? Les avez-vous connus ou que pouvez-vous en savoir par les documents d'archives ? Quelles étaient les relations entre les uns et les autres ?

Plus largement, qui vos ascendants fréquentaient-ils ? Nous dirions aujourd'hui : quel était leur réseau ?

Vous pouvez vous en faire une idée si vous possédez des photos ou de la correspondance. Celles-ci vous permettront peut-être aussi de tirer quelques suppositions ou conclusions sur la tonalité de ces relations.

Par ailleurs, la profession des témoins figurant sur les actes de naissance/baptême ou de mariage (et de décès, parfois) de vos ancêtres vous donnera une idée de leurs affinités et du milieu dans lequel ils vivaient. Il en va de même pour le choix des parrains et des marraines.

Dans la continuité de ce que nous avons dit aux pages précédentes, allez au-delà de la reproduction des noms et professions : explicitez les hypothèses ou conclusions que l'on peut en tirer.

Inversement, si l'un de vos ancêtres est régulièrement cité comme témoin ou parrain sur les actes des habitants du village, vous pouvez en déduire qu'il s'agissait d'une figure considérée et respectée. Voilà qui fait toujours plaisir !

Par ailleurs, où vos ancêtres rencontraient-ils leurs amis et relations ? Recevaient-ils, sortaient-ils beaucoup ? Quels lieux de sociabilité fréquentaient-ils : le café, le marché, un club, l'hippodrome ou le stade ? Assistaient-ils aux offices religieux, aux fêtes, aux veillées ? Sortaient-ils au bal ?

« Comment la grande famille de Jean occupait-elle ses soirées ? La télévision n'existait pas et il n'y avait même pas d'électricité. Alors, à la tombée de la nuit, les habitants se réunissaient tantôt chez les uns, tantôt chez les autres. C'est ce qu'on appelait la veillée.

On y travaillait en commun, qui du dénoyautage des prunes, qui de la réparation d'un outil... On s'y donnait aussi, en patois, les nouvelles du pays. Histoires et légendes s'y transmettaient de génération en génération. On mangeait du pain, du fromage, des châtaignes grillées... Parfois, on chantait, on dansait au son de la flûte ou de la vielle ; un lettré lisait, à haute voix, de la littérature de colportage.

Les veillées se déroulaient au coin de la cheminée, car c'était le seul endroit chauffé de la maison. On réservait aux anciens les places près du feu. »

L'engagement dans la cité

La vie en société de vos ancêtres a peut-être été marquée par des engagements associatifs, politiques ou syndicaux. Ont-ils participé à des manifestations, à des luttes sociales ? Ont-ils œuvré ou milité pour une cause particulière ? Se sont-ils impliqués dans la vie locale, y ont-ils tenu un rôle officiel ? Pour en parler, vous n'aurez ici aucun mal à trouver des verbes d'action !

Vos aïeux lisaient-ils des journaux marqués politiquement ? Étaient-ils plutôt conservateurs ou favorables au changement ? En 1789, ont-ils signé le cahier de doléances de leur paroisse ? Connaissez-vous leurs opinions à l'égard de tel ou tel événement historique ou dirigeant ?

Face au juge

Nos ancêtres ont parfois eu affaire au tribunal, ne serait-ce qu'au juge de paix.

Un membre de votre famille a pu être directement impliqué dans un litige concernant une succession, la délimitation d'un bois ou d'un pré, par exemple. Il a pu être appelé à témoigner dans une affaire de violence ou pour un acte de notoriété.

Les archives judiciaires en disent long sur l'entourage, la personnalité, le quotidien de nos ancêtres.

Le quotidien

Reconstituer le mode de vie de nos ancêtres, c'est aussi évoquer leur vie quotidienne et matérielle, le déroulement des jours, des semaines et des années.

Explorer...

Sur la base de souvenirs, d'archives privées ou d'ouvrages généraux, vous pouvez restituer la façon dont vivaient vos ascendants : rythmes et horaires, fêtes religieuses, confort des logements, vêtements et costumes. Mais aussi hygiène et conditions sanitaires, outils et ustensiles, moyens de transport, etc.

Que mangeaient vos ancêtres, que buvaient-ils ? Où et comment dormaient-ils ? Quelle était leur langue, avec ses vieilles expressions, ses jurons, ses prières ? Quelles chansons, quelles danses, quelles berceuses ? Quels jeux ?

Quelles étaient les prescriptions religieuses ? Quels usages et quels rites s'appliquaient au mariage, à la naissance et à la mort ?

Comment s'occupait-on des enfants ? Comment se répartissaient les rôles et les pouvoirs au sein des familles ?

... et expliquer

En explorant ce vaste champ, vous donnerez de l'épaisseur à vos ancêtres et donnerez à voir leur mode de vie, si différent du nôtre qu'on se le représente avec peine. Nul besoin de remonter très loin dans le temps : ce qui vous semble évident aujourd'hui, cher lecteur né au XXe siècle, ne le sera pas forcément pour vos descendants. Ces derniers ne doivent pas penser que leurs arrière-grands-parents étaient misérables parce qu'ils ne bénéficiaient pas du chauffage central ! Aussi, prenez un peu de distance : mettez en perspective, replacez dans le contexte. Vous permettrez à vos lecteurs de se faire une juste idée de la vie de vos ancêtres.

Aubin et Marie-Louise ont eu sept enfants. Je ne sais rien des mois de grossesse et des accouchements. En revanche, des hypothèses peuvent être émises sur leur désir d'enfant, au cœur de ce qu'est l'accomplissement du mariage chrétien.

La femme enceinte travaille dur jusqu'au terme. Puis, sous l'autorité de la matrone ou de la sage-femme Legrand, elle accouche debout ou en position accroupie [...]. La délivrance survenue, la paille est enlevée, le nouveau-né lavé à l'eau tiède, emmailloté et couché dans le berceau tandis que le père ou toute autre personne ayant assisté à l'accouchement déclare la naissance à la mairie, en même temps parfois que le décès de la mère, car la mortalité des femmes à la suite des couches n'est pas exceptionnelle[1].

Relier leur vie à la grande histoire

À quelques reprises dans les pages précédentes, nous avons fait allusion au contexte général dans lequel vivaient vos ancêtres. Car ces derniers n'ont pas seulement eu un parcours personnel : ils ont traversé l'Histoire, ses lames de fond (histoire sociale, culturelle, des mentalités, etc.) comme ses remous.

Des guerres, notamment, les ont fait souffrir dans leur chair ou dans leur âme. Ils ont parfois dû faire des choix. Peut-être ont-ils simplement vu leur maison réquisitionnée ; mais quel événement pour eux !

Relier l'histoire de vos ancêtres à la grande histoire du pays sera parfois indispensable. Par exemple, comment comprendre que votre famille soit partie s'installer en Algérie au XIXe siècle sans faire référence à la colonisation ?

En revanche, selon le coin de France où vivaient vos aïeux, vous mentionnerez ou développerez l'épisode des guerres de religion.

Par ailleurs, vos ancêtres ont vécu dans un régime politique et économique qui a pesé de tout son poids. Vous devez en dire quelques mots à vos lecteurs.

Mais le propos n'est pas de faire de votre document un livre d'histoire, qu'il s'agisse d'événements nationaux ou de leurs répercussions locales. En revanche, il vous faudra sélectionner (choisissez les sources les plus récentes) et synthétiser les informations. Surtout, vous montrerez en quoi les grands événements, les choix politiques, les évolutions technologiques, scientifiques ou économiques ont pu

---

1. Alain Denizet, *Au cœur de la Beauce, enquête sur un paysan sans histoire. Le monde d'Aubin Denizet (1798-1854)*, éditions Centrelivres, 2009, p. 57.

marquer la vie de vos ancêtres et le devenir de la famille. C'est cette démarche qui intéressera vos lecteurs et vous aidera à faire un récit vivant.

« Peu de temps après l'arrivée de notre aïeul à Paris, la ville est assiégée par 300 000 soldats venus de Prusse (septembre 1870). Adolphe Jean a 35 ans, son fils Auguste en a 4 et demi.

La capitale est coupée du reste de la France. Le siège puis les bombardements prussiens (à partir de janvier 1871) imposent de terribles restrictions aux habitants, dont les difficultés s'accentuent. Ils doivent non seulement combattre le froid (cet hiver-là, les températures descendront en dessous de - 10 °C), mais aussi la faim.

Après 4 mois et 12 jours de résistance, les Parisiens n'acceptent pas les conditions de l'armistice qui finit par être signé. Et deux mois plus tard, alors qu'Auguste a tout juste 5 ans, les émeutes de la Commune de Paris éclatent (mars 1871). Non loin de chez Adolphe Jean et sa famille, l'Hôtel de ville est volontairement incendié, des barricades sont dressées rue de Rivoli.

Les communards placent un gouvernement ouvrier à la tête de la ville. La plupart d'entre eux sont issus du vieux Paris, celui des métiers qualifiés et de l'artisanat. Nos ancêtres ont-ils sympathisé à cette cause ? »

Voici, donc, les différentes pistes que vous pouvez explorer pour reconstituer l'histoire de votre famille et donner de l'épaisseur à vos ancêtres, qui deviendront véritablement « quelqu'un ».

Nous l'avons mentionné pour la religion, certaines de ces pistes se recoupent. Par exemple, l'évocation des passe-temps favoris de votre arrière-grand-mère (si elle avait le temps d'en avoir…) renseignera à la fois sur son caractère et sur le contexte socioculturel de son époque.

En outre, il n'est pas question de développer tous les aspects abordés dans ces pages. Comme nous l'avons vu au chapitre précédent, vous ferez des choix en fonction des informations dont vous disposez, de l'histoire même de votre famille et de ce qui vous intéresse.

Pour faire vivre vos ancêtres, vous exploiterez ainsi les matériaux que vous possédez ou pouvez chercher. Il vous faudra aussi rythmer votre récit.

Faites la liste des thématiques que vous voulez développer (portrait physique, parcours économique, etc.).

Puis, préparez une fiche synthétique pour chaque personne évoquée dans votre futur livre. Notez-y les points majeurs qui vous serviront de repères.

Vous pouvez également établir des fiches synthétiques sur des thèmes transversaux : le village ou la région de vos ancêtres, le métier que plusieurs d'entre eux ont exercé, l'histoire générale de la famille dans votre pays d'origine, etc.

Faites aussi la liste des points que vous voulez compléter ou éclaircir.

De la matière au rythme

Faire vivre vos ancêtres dans un texte qui se lit « comme un roman », c'est aussi alterner les contenus et les formes.

Les moments forts et les passages plus légers. Songez aux romans ou aux films, où les scènes d'intensité dramatique prennent toute leur force lorsqu'elles succèdent à une pause, à une scène plus calme. Il en est de même en musique, par exemple. Essayez d'adopter le même principe pour votre texte.

Les formes de texte (voir p. 38). Vous alternerez récit, descriptions, informations, explications. Anecdotes savoureuses ou significatives, exemples, citations et paroles rapportées, dialogues et scènes[1] éventuellement viendront appuyer ou relancer votre propos. Ce dosage variera selon les informations dont vous disposez et la forme de texte que vous souhaitez privilégier.

Les faits particuliers concernant la famille (événements, portraits, conditions de vie, etc.) et les considérations générales (contexte local, contexte historique, etc.).

______

1. Une scène est une action relatée comme si elle se déroulait « en temps réel », sans être résumée : « *Il regarda l'heure, prit sa bêche et ouvrit la porte. Après avoir regardé vers le ciel, il emprunta le chemin blanc qui descendait vers le lac, etc.* »

Les passages synthétiques et ceux qui comportent des détails, les seconds ne captant l'attention de vos lecteurs que s'ils suivent des passages résumés. Le but de votre document est de donner une représentation la plus exacte possible de l'histoire de votre famille. Toutefois, vos lecteurs ne survivront pas à sa lecture s'ils sont continuellement noyés sous les détails. Même dans les passages détaillés, ne cessez pas de distinguer l'important de l'accessoire, afin de ne pas perdre vos lecteurs en route. Si vous avez énormément de choses à dire, vous pouvez éventuellement écrire deux versions de votre texte, comportant plus ou moins de développements. Mais ne diffusez auprès des lecteurs néophytes que la version « de base ». Si ceux-ci sont intéressés, ils pourront vous demander la version enrichie. Des encadrés vous permettront aussi de présenter certaines informations pour ceux qui veulent en savoir plus. Mais rassurez-vous : ceux qui vous liront auront toujours la possibilité de vous poser des questions ou de se documenter par ailleurs, grâce aux références que vous leur indiquerez.

Retenez en tout cas que l'écriture est alternance. Jouez-en pour donner du rythme à votre récit et éviter toute monotonie ; aménagez quelques « plages de repos » à vos lecteurs.

Vous avez maintenant les clés pour faire vivre vos ancêtres et votre récit. Mais de ces ingrédients, vous ferez votre propre recette. Les sujets que vous aborderez et la manière dont vous présenterez les choses, c'est vous !

5

Rédiger le plan : quelle structure pour votre récit ?

Vous savez maintenant de qui et de quoi vous voulez parler dans votre livre de famille. Mais vous vous demandez peut-être comment vous y prendre. Par quoi démarrer votre texte ? Dans quel ordre présenter vos idées, connaissances, souvenirs ? La construction d'un plan vous permettra d'y voir plus clair et de répondre à ces questions.

Si nous envisageons le livre comme une maison à bâtir, le plan représente les fondations : ce qui lui permettra de tenir debout. Une fois franchie l'étape décisive de sa construction, vous serez solidement armé pour écrire l'histoire de votre famille.

Mais construire un plan n'est pas toujours chose aisée, notamment quand vous voulez évoquer des vies qui se sont déroulées simultanément.

Bâtir les fondations de votre texte : une étape indispensable

Certains d'entre vous sont probablement réticents à l'idée de faire un plan, perçu comme une contrainte aux connotations scolaires. L'expérience montre pourtant que si vous contournez cette étape, vous avez peu de chances de parvenir au bout de votre entreprise. La plupart des personnes qui se lancent ainsi à l'aveuglette finissent par abandonner et l'expliquent de cette manière : « Je me suis perdu-e. » Même si vous voulez écrire un récit d'un seul tenant, sans chapitres, vous devez réfléchir à sa structure.

Le plan, qui n'est autre que le sommaire de votre futur livre, peut être un outil amusant à fabriquer : un jeu de construction dont les pièces sont des idées, des parties, des chapitres… qu'il faut agencer pour créer un ensemble cohérent, complet, clair.

Un jeu cérébral qui prend *parfois* l'allure d'un casse-tête chinois, mais dont vous sortirez forcément vainqueur et avec, entre les mains, un très précieux outil. Que va-t-il apporter ?

Des lumières

Vous vous sentez peut-être noyé par la quantité d'informations que vous voulez transmettre. Vous avez l'impression que vous ne parviendrez pas à coucher ce foisonnement sur le papier.

Faire un plan vous oblige à mettre de l'ordre dans vos idées, à structurer votre pensée. À l'issue de cette démarche, votre esprit sera désencombré. Vous y verrez beaucoup plus clair et écrirez plus facilement (rappelez-vous les vers de Boileau cités page 33).

Un aide-mémoire

Le plan permet de ne rien oublier. Inversement, le construire vous amènera sans doute à laisser certains éléments de côté, dans la continuité de ce que vous avez amorcé au chapitre précédent : faire des choix et les formaliser par écrit.

Un guide

« *Il n'est pas de bon vent pour qui ne connaît pas la direction du port*[1] », a écrit le philosophe Sénèque. Ici, le plan vous montre à la fois l'emplacement du port et le chemin par lequel vous y parviendrez. Le plan

---

1. Sénèque, *Lettres à Lucilius*, lettre n° LXXI.

est ce qui vous permet de savoir où vous allez, de garder le cap, de ne pas vous perdre dans vos développements ou digressions.

Pour autant, vous pourrez écrire sans forcément en suivre l'ordre : le plan est précisément ce qui vous permet de découper votre travail d'écriture en sachant toujours où vous en êtes.

Le plan est un repère, un appui, un soutien ; on n'ose dire un ami. Il vous guidera tout au long de la rédaction et, grâce à lui, vous pourrez vous concentrer sur l'écriture. Il vous épargnera bien des pertes de temps et d'énergie.

C'est pourquoi il importe de le concevoir avec soin. Ceci fait, vous pourrez considérer qu'une grosse partie du travail est derrière vous !

Une aide à la lecture

Le plan va également faciliter la tâche de vos lecteurs. Vous-même, auriez-vous envie de lire un ouvrage dont les informations et les idées sont présentées dans le plus grand désordre, « en vrac » ? Et si vous aviez le courage de parvenir au bout de ce texte confus, que pensez-vous que vous en retiendriez ?

En effet, un texte structuré est mieux compris et mieux retenu : toutes choses non négligeables lorsque, comme vous, on fait œuvre de mémoire ! Vos lecteurs vous seront reconnaissants d'organiser votre texte, qui gagnera en clarté et en cohérence ; ils le liront jusqu'au bout, avec plus de facilité, de plaisir et d'attention.

Votre découpage, en chapitres notamment, leur permettra aussi d'interrompre aisément leur lecture (pour se mettre à table, par exemple !).

En outre, la présence de parties ou de chapitres instaure une certaine tension dans l'ouvrage et soutient l'intérêt.

Vos lecteurs, enfin, seront ravis de pouvoir trouver ou retrouver une information particulière grâce à la table des matières.

Les règles générales de découpage

Il existe une infinité de plans possibles. Le vôtre dépendra des parents et de l'angle que vous avez retenus au chapitre 3, de l'histoire même de votre famille, de votre façon de la voir et, pourquoi pas, de votre imagination.

Plus vous aurez réfléchi en amont à votre sujet, plus votre plan sera simple à bâtir. Il sera aussi plus simple à comprendre et à suivre ; vos lecteurs s'y repéreront et y navigueront avec aisance.

Découper… mais pas trop

Votre texte doit, tout d'abord, être clairement subdivisé. Les niveaux de découpage sont : la partie, le chapitre, le sous-chapitre. Vous pouvez appeler « chapitres » – et non « parties » – vos titres de premier niveau. Quoi qu'il en soit, leur nombre sera préférablement limité. Si vous comptez plus de six grandes parties, cherchez des points communs (géographiques, historiques, etc.) pour les regrouper et restructurer l'ensemble.

Imaginons le plan ci-dessous :

Chapitre 1 - Mes grands-parents maternels

Chapitre 2 - Les enfants de mes grands-parents maternels

Chapitre 3 - Le frère de mon grand-père maternel

Chapitre 4 - Ma grand-mère paternelle

Chapitre 5 - Le frère de ma grand-mère paternelle

Chapitre 6 - Mon grand-père paternel

Chapitre 7 - Les enfants de mes grands-parents paternels

Chapitre 8 - Mes parents et leurs enfants

Chapitre 9 - Quelques souvenirs de guerre

Ici, nous pouvons évidemment créer trois parties. La première concernera la famille maternelle (chapitres 1 à 3) ; la deuxième, la famille paternelle (chapitres 4 à 7) ; la troisième, les parents et l'enfance de l'auteur (chapitres 8 et 9).

Par ailleurs, vos chapitres gagneront sans doute à être découpés plus finement : sous-chapitres, éventuellement sous-sous-chapitres. Sinon, tout sera noyé : les informations, vos lecteurs... et vous-même. Au minimum, insérez des intertitres[1].

Enfin, il importe que toutes vos subdivisions soient facilement repérables et identifiables. Vous leur donnerez donc un titre, même simple (évitez tout de même de vous limiter aux « A. » ou « 4° ») ; vous leur attribuerez aussi une typographie et une mise en page particulières.

En revanche, n'allez pas au-delà de quatre ou cinq niveaux de découpage. S'il est ardu de lire un texte peu ou pas structuré, on se perd aussi dans les méandres des sous-sous-sous-sous-chapitres, eux-mêmes encore parfois subdivisés...

De la logique

Quelle que soit la façon dont vous organisez votre texte, une règle s'impose : chaque partie, chapitre ou sous-chapitre doit être homogène, c'est-à-dire présenter une unité (une personne, un couple ou une branche, un thème, une période, une aire géographique, etc.).

Vous veillerez aussi à articuler logiquement les différentes subdivisions de votre écrit, à les placer dans un ordre cohérent et le plus naturel possible. Votre plan doit « couler ». Cela n'est pas toujours facile dans le cadre d'un livre de famille ; mais en expérimentant différentes solutions, vous aboutirez à un résultat satisfaisant.

De l'équilibre

Un texte dont parties et chapitres sont équilibrés en nombre de pages est très élégant. Vous pouvez donc essayer de construire votre plan de façon à respecter ce principe, comparable aux règles d'harmonie du jardin à la française !

---

1. Un intertitre est un titre intermédiaire situé entre des paragraphes d'un texte (voir p. 149).

Mais il ne s'agit pas seulement d'une question esthétique : le sens peut être en jeu. Par exemple, si vous avez consacré cinq pages à votre tante Jeanne et dix à votre tante Marthe sans raison particulière, songez à équilibrer la pagination ; sinon, vos lecteurs percevront plus ou moins consciemment votre tante Jeanne comme moins intéressante ou moins appréciée.

Cependant, ne cherchez pas à tout prix l'équilibre. La cohérence et la clarté du découpage, le bon enchaînement des rubriques importent davantage.

Un outil de pro : l'encadré

Vous en voyez dans la presse et dans certains ouvrages, comme celui-ci. Vous pouvez, vous aussi, grâce à votre logiciel de traitement de texte, créer un encadré. Celui-ci est matérialisé par un filet bordant le texte ou par un fond de couleur ; dans le second cas, faites preuve de sobriété et veillez à ce que le texte reste lisible.

Dans quels cas insérer un encadré ?

- si vous souhaitez aborder un thème particulier sans avoir suffisamment de matière pour en faire un chapitre ;
- si une information ne trouve nulle part sa juste place dans le texte ;
- si vous voulez mettre une information en valeur.

L'encadré permet de faire une parenthèse ou un zoom sans rompre la lecture. Il présente aussi l'avantage d'aérer visuellement un texte long. En outre, il peut susciter, chez celles et ceux qui feuillettent votre document, l'envie de s'y plonger.

Les sujets d'encadrés sont infinis. Il peut s'agir :

- de thèmes (l'histoire de la maison familiale, une recette, un événement local…) ;
- de membres de votre famille (un ancêtre indirect, une famille alliée, une branche qui s'est éteinte…) ;

* d'informations utilitaires (mini-lexique, chronologie, chiffres…).

En bref, une grande variété d'encadrés sont réalisables. Le seul impératif est qu'ils doivent être courts (une page grand maximum).

Danièle aimerait réaliser un livre sur sa famille. Quelles parties pourriez-vous créer pour regrouper certains chapitres et remanier le plan ci-dessous ?

Histoire de ma famille paternelle de 1740 à 1900

Deux textes sur mon grand-père paternel

Texte sur les lettres envoyées par mon père à mon grand-père en 1914-1918

Souvenirs de ma mère (texte écrit par elle)

Texte sur les origines de ma famille maternelle

Texte sur la correspondance entre mes parents en 1914-1918

Texte sur la correspondance entre mes parents en 1939-1940

Les principaux types de plans

Quel type de plan choisir pour relater l'histoire de votre famille ? Voici les différentes possibilités qui s'offrent à vous.

Le plan chronologique

Pour raconter l'histoire d'une famille, le plan chronologique est le plus évident. Il présente l'avantage de la linéarité et ainsi :

* fait mieux ressortir l'évolution générale de la famille ;

* rend la lecture plus aisée et plus agréable ;

* facilite l'écriture.

Cela étant, un texte parfaitement linéaire est souvent impossible. Il va de soi que si vous parlez de plusieurs branches ayant vécu au même

99

moment, seul la partie ou le chapitre concerné respectera la progression chronologique.

Partir du plus ancien ou du plus récent ?

Pour que l'histoire de votre famille soit mieux appréhendée et, précisément, lue comme une *histoire*, il importe de commencer par la personne ou la génération la plus ancienne, afin de parvenir à la plus récente.

Il est de toute façon extrêmement difficile d'écrire une histoire qui se passe à rebours (si vous choisissiez de partir du plus récent pour aller vers le plus ancien). Si votre texte s'ouvre sur la vie de votre père, par exemple, vous évoquerez forcément vos grands-parents paternels qui seront alors adultes. Ensuite, lorsque vous écrirez sur ces mêmes grands-parents, vous devrez sans doute vous répéter... ou délivrer des informations qu'il aurait été utile de connaître dès le départ : votre texte sera bien compliqué à écrire et à lire.

Quand le choix de la chronologie est adopté, une biographie ou un livre d'histoire va du plus ancien pour arriver au plus récent ; quoi de plus logique, pour l'auteur comme pour le lecteur, que de suivre la progression des événements tels qu'ils se sont déroulés dans l'histoire ?

Quel critère de découpage ?

Vous pouvez découper votre plan chronologique en tenant compte soit des individus, soit des périodes.

Les individus

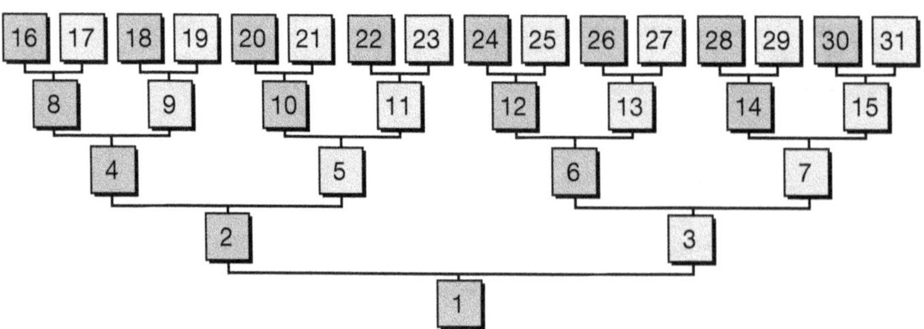

Sur ce schéma, nous entendons que vous êtes le n° 1, votre père le n° 2, votre mère le n° 3, etc.

Pour structurer votre récit, vous pouvez déterminer vos parties et/ou vos chapitres en fonction de la succession des personnes, couples ou générations dont vous souhaitez parler.

Comme nous l'avons dit, instaurez le maximum de chronologie afin que votre document soit le plus simple et le plus clair possible.

Voici, par exemple, un plan sommaire que vous pouvez adopter si vous souhaitez raconter l'histoire de votre famille depuis vos grands-parents maternels jusqu'à vous-même :

Partie I - Mes grands-parents maternels

    Chapitre 1 - Origines, enfance et jeunesse de mon grand-père

    Chapitre 2 - Origines, enfance et jeunesse de ma grand-mère

    Chapitre 3 - De la rencontre à la naissance du premier enfant

Partie II - La famille créée par mes grands-parents

    Chapitre 1 - La vie de famille chez mes grands-parents

    Chapitre 2 - Mes oncles, mes tantes

    Chapitre 3 - La jeunesse de ma mère, sa rencontre avec mon père

Partie III - Mon père

    Chapitre 1 - Origines

    Chapitre 2 - Enfance

    Chapitre 3 - Jeunesse

Partie IV - La famille créée par mes parents

    …

Si vous voulez parler de plusieurs familles, vous consacrerez une partie à chacune avec, à l'intérieur, un développement chronologique. Par exemple, si vous souhaitez retracer la vie de tous vos arrière-grands-parents, grands-parents et parents, voici comment vous pouvez présenter les choses :

Partie I - Ma famille paternelle

   La famille A

   Vie de vos ancêtres 8 et 9, enfance et jeunesse du n° 4

   La famille B

   Vie de vos ancêtres 10 et 11, enfance et jeunesse du n° 5

   La famille A-B

   Vie du couple 4-5, enfance et jeunesse du n° 2

Partie II - Ma famille maternelle

   La famille C

   Vie de vos ancêtres 12 et 13, enfance et jeunesse du n° 6

   La famille D

   Vie de vos ancêtres 14 et 15, enfance et jeunesse du n° 7

   La famille C-D

   Vie du couple 6-7, enfance et jeunesse du n° 3

Partie III - Mes parents (2 et 3)

   …

Pour retracer l'histoire d'une lignée d'ancêtres directs, le plus simple et le plus lisible est de partir de son plus ancien représentant (ou représentante, si vous suivez la filiation mère-fille), en consacrant un chapitre à chaque génération.

Chaque chapitre présente votre ascendant (ou votre ascendante) et son épouse (ou son époux), retrace leur vie de couple jusqu'à leur mort, évoque brièvement leurs enfants. Vous relaterez la vie d'adulte de votre ancêtre direct dans le chapitre suivant, et ainsi de suite de génération en génération.

Par exemple :

Jean B. et Jeanne F. (mariés en 1759)

Léonard B. et Marie L. (mariés en 1790)

Pierre B. et Marie T. (mariés en 1832)

Charles B. et Marguerite D. (mariés en 1872)

Benoît B. et Éloisie D. (mariés en 1902)

Odette, ma grand-mère

L'exemple ci-dessus met les hommes au premier plan. Non que nous les jugions plus importants que les femmes, mais parce que le nom de famille constitue, encore aujourd'hui, un fil narratif en or. De plus, la loi ayant longtemps considéré les femmes comme mineures, celles-ci sont peu présentes dans les archives et nous les connaissons donc moins bien. Cela étant, un plan suivant la filiation mère-fille est tout à la fois possible et intéressant.

Dans un plan par couples, plusieurs choix s'offrent à vous pour présenter les origines du conjoint ou de la conjointe :

- vous les synthétisez dans le chapitre sur le couple concerné, que ce soit au fil du texte, au sein d'un encadré ou dans un sous-chapitre ;

- vous y consacrez un chapitre particulier juste avant de parler du couple ; si nous reprenons l'exemple ci-dessus, les origines d'Éloisie seront exposées entre le chapitre Charles-Marguerite et le chapitre Benoît-Éloisie ;

- vous présentez ces origines dans un chapitre inséré tout à fait ailleurs, avec un renvoi. Cette solution a l'avantage de ne pas interrompre le fil narratif. Vous pouvez même créer, en fin d'ouvrage, une partie présentant plusieurs familles alliées.

Dans un tel plan par couples sur plusieurs générations, les origines de l'épouse ou de l'époux seront nécessairement synthétisées. Sinon, votre document comprendra trop de personnages et d'informations : vous ne vous en sortirez pas et vos lecteurs seront perdus.

Les exemples ci-dessus ne concernent que les ancêtres directs, puisque ce sont souvent eux qui intéressent d'abord vos descendants. Mais il va de soi que vous pouvez parler des ancêtres indirects et insérer un chapitre sur une famille alliée ou des collatéraux :

- si leur vie a été très intéressante ou particulière (un métier rare, une condamnation au bagne, etc.) ;

- s'ils ont influé sur la vie ou le devenir de vos ancêtres directs (conflits importants dans la fratrie, mariages ayant eu des conséquences notables sur le devenir de la famille, etc.).

Le parcours familial

Le découpage principal de votre récit peut être fonction de l'histoire familiale elle-même. Vous déterminerez alors vos parties en distinguant les grandes phases de ce passé. Par exemple :

Partie I - Les G. à Mirecourt (1650-1750)

Partie II - L'expansion économique (1750-1810)

Partie III - Un siècle de mésalliances (1810-1902)

Partie IV - Les années nancéiennes (1902-1975)

…

Vous pouvez aussi vous appuyer sur les ruptures survenues dans l'histoire familiale, ou du moins sur les événements qui l'ont profondément marquée :

Partie I - Les S. dans le Jura

Partie II - Le départ pour la Saône-et-Loire (1873)

Partie III - La déchirure de la guerre (1914)

Partie IV - La création de l'activité maraîchère (1919)

Voici quelques exemples de changements pouvant servir au découpage de votre texte :

- changements familiaux proprement dits (séparation ou divorce, abandon, conflit, partages, survenue d'une maladie aux profondes répercussions, etc.) ;
- changements géographiques (région, pays, etc.) ;
- changements économiques (nouveau métier ou activité, revers de fortune, création d'une affaire, etc.).

Ces événements peuvent se combiner. Par exemple, votre aïeul a pu quitter sa région pour trouver un nouvel emploi et, par là même, rencontrer sa future épouse…

Les périodes historiques

Enfin, vos parties et/ou chapitres peuvent correspondre à des périodes (siècles, décennies) ou à des phases historiques (Révolution française, Restauration, révolution industrielle, entre-deux-guerres, etc.).

Choisissez cette option si votre récit accorde de l'importance à la « grande » histoire, pas seulement parce que cela vous paraît simple et pratique.

Retour vers le futur

Vous respecterez la progression chronologique à l'intérieur de chaque chapitre. Mais étant donné l'enchevêtrement des vies et des thèmes, il est souvent impossible d'écrire une histoire familiale totalement linéaire. Une époque étant vécue par plusieurs personnes simultanément, vous devrez revenir en arrière, reparler d'une personne que vous aviez laissée de côté…

Ces allers et retours temporels sont inévitables. Pour autant, faites en sorte de les limiter le plus possible car ils interrompent le fil narratif de votre texte.

Veillez aussi à ce que vos lecteurs ne soient pas perdus dans le temps et la parentèle. Par exemple, si vous devez évoquer l'enfance d'un ancêtre dans un chapitre et sa vie d'adulte dans un autre, donnez les informations utiles pour que cet ancêtre soit rapidement identifié et situé, quitte à ne pas le faire très habilement : l'essentiel est de vous faire comprendre.

N'hésitez pas non plus à renvoyer vos lecteurs à un chapitre antérieur ou ultérieur, par une phrase ou une note de bas de page, selon votre style.

De même, il est intéressant d'établir des ponts entre familles ou branches dont vous parlez séparément. Par exemple, si deux d'entre elles vivent un événement important au même moment, vous pouvez faire le lien avec une phrase telle que : « Cette même année, la famille L. était frappée par un drame comparable. » Ou bien : « Mon grand-père paternel a épousé Marie en 1929. Mes grands-parents maternels étaient alors mariés depuis cinq ans. »

Le plan par branches patronymiques[1]

Nous l'avons évoqué dans le chapitre 3, vous pouvez retracer la vie de votre famille dans sa globalité, sans développer de parcours individuels. Si vous souhaitez évoquer plusieurs branches de cette manière, votre plan se découpera tout naturellement :

Partie I - La branche Legrand

Partie II - La branche Lepetit

Partie III - La branche Legros

…

Pour chacune de ces branches, vous rédigerez une synthèse de vos connaissances. Vous présenterez, éventuellement, une ou deux personnes marquantes ou sur lesquelles vous êtes bien informé.

Le plan thématique

Enfin, vous pouvez présenter et structurer l'histoire de votre famille selon des thèmes. Voici quelques exemples de chapitres :

- les patronymes (noms de famille) ;
- les métiers ;
- la ville ou le village ;
- la maison de famille ;
- les parcours militaires ;
- la vie quotidienne ;
- les passions ;
- les engagements ;
- la langue, le patois ;
- une coutume ;
- une famille alliée ;

---

1. Branches qui portent le même nom de famille.

- une étude statistique que vous avez faite ;
- un fait historique qui a eu son importance…

Ces thèmes sont fonction de l'histoire de votre famille et de vos centres d'intérêt, des sujets sur lesquels vous vous êtes documenté.

L'inconvénient du plan thématique est que vos lecteurs n'auront pas une vision très nette de l'évolution familiale. N'oubliez donc pas de joindre à votre texte un tableau chronologique, ce qui leur permettra de visualiser et d'embrasser cette histoire.

Ce type de plan peut aussi compliquer l'écriture, puisqu'il amènera des redites ou des renvois à d'autres chapitres ; s'ils se multiplient, ces redites et ces renvois finissent par gêner la lecture.

En revanche, le plan thématique convient bien pour brosser un tableau impressionniste de l'histoire familiale.

Chapitre 1 - Plongée dans le quartier Saint-Georges

Chapitre 2 - Architecture des demeures familiales

Chapitre 3 - Traditionnelles vacances à Honfleur

Chapitre 4 - Une lignée de pianistes

…

Vos chapitres thématiques se succéderont selon un ordre choisi, significatif et cohérent. S'il y en a beaucoup, peut-être pouvez-vous faire des rapprochements et des parties ?

Partie I - Les lieux de vie

    Chapitre 1 - Cliousclat

    Chapitre 2 - Colonzelle

    Chapitre 3 - Marseille et le vallon des Auffes

    …

Partie II - Les métiers

    Chapitre 1 - Les paysans

    Chapitre 2 - Les potiers

Chapitre 3 - Les pâtissiers

...

Voici un autre exemple, tiré d'un excellent ouvrage dans lequel l'auteur reconstitue la vie d'un de ses ancêtres :

« Chapitre 1 - Les horizons d'une vie

Chapitre 2 - Le cadre intime

Chapitre 3 - Portraits de femmes

Chapitre 4 - Vivre ensemble au village

Chapitre 5 - Les biens : travailler, gérer, transmettre

Chapitre 6 - L'insupportable atteinte aux biens

Chapitre 7 - Le baron, le curé, l'instituteur et le médecin

Chapitre 8 - Aubin et l'exercice des responsabilités

Chapitre 9 - Dans les remous de la grande histoire[1] »

Le plan chrono-thématique

Pour la clarté de l'exposé, nous avons évoqué séparément différentes manières de découper un texte. Mais en définitive, le plan le plus souple, celui qui vous permettra de délivrer le plus d'informations possible, panachera chapitres chronologiques et chapitres thématiques.

En effet, le découpage en chapitres chronologiques ne permet pas toujours de mettre en évidence des thèmes que l'on aimerait présenter, comme les métiers, les croyances... Or, vous pouvez avoir beaucoup de choses à en dire, soit parce qu'ils ont beaucoup compté dans l'histoire de votre famille, soit parce qu'ils vous importent particulièrement. Plutôt que de distiller les informations au fil de votre texte, il est souvent judicieux et intéressant de les regrouper en un seul et unique chapitre.

---

1. Alain Denizet, *op. cit.*

Si vous abordez l'histoire de votre famille selon un angle particulier (l'évolution économique, les relations affectives...) mais souhaitez en évoquer un autre aspect, la création d'un chapitre thématique s'avérera également très utile.

Où insérer un chapitre thématique ?

Un chapitre thématique dépend parfois de la chronologie ; par exemple, s'il concerne un métier exercé seulement par certains de vos ancêtres. Choisissez alors l'emplacement le plus judicieux de votre document.

Sinon, votre chapitre peut s'insérer à n'importe quel endroit :

- au début ou à la fin de votre texte ;
- au début ou à la fin d'une partie ;
- entre deux chapitres chronologiques ;
- entre deux parties, manière d'interlude.

Voici trois exemples de plans panachant plusieurs critères de découpage :

Partie I - La famille B.

    Entre 1750 et 1872

    Entre 1872 et 1908

    La vie de l'imprimerie à la fin du XIXe siècle

    Entre 1908 et 1960

    ...

Partie III - Mes grands-parents maternels

    Chapitre 1 - De la rencontre au départ pour C.

        Premières approches, portrait de R. et de N.

        Amours et mariages dans les campagnes d'alors

        Le mariage de R. et N.

Les premiers mois de mariage

L'attribution de la maison de C. aux jeunes mariés

Chapitre 2 - C., nouveau berceau de la famille

Description de la maison et de son environnement

Les travaux entrepris

Description de l'intérieur, du mobilier

Quelles terres, quelles cultures ?

L'équipement agricole

La naissance de B.

Naissances et place des enfants à l'époque

Chapitre 3 - Les années de construction

Naissance de P.

L'essor de la propriété

La vie sociale

La vie religieuse

L'entrée à l'école de B. et P.

Naissance de S.

…

Dans le dernier exemple, les chapitres font référence à l'Histoire et aux événements qui ont marqué le passé familial. Mais c'est bien le découpage par individus qui prédomine, ponctué par deux chapitres thématiques :

Partie I - La branche R.

Pierre, notre plus lointain ancêtre

Guillaume : nouveau village, nouveau métier

Pierre, ou l'installation des R. à Villeneuve

Mathurin, le contemporain de la Révolution

Les R., des artisans du bois

Florentin, né avec le XIXe siècle

Étienne, le premier R. à Paris

Irénée, un petit homme brun dans le « ventre de Paris »

Jean Irénée, de Paris à Rennes

Partie II - La branche M.

Les monts d'Arrée, terre de la famille M.

Jean, père de famille très nombreuse

Antoine, la continuité

Julie, en route pour Rennes

Vous connaissez désormais les différentes règles et options pour réaliser un plan. Comment vous y prendre pour construire le vôtre ?

Les étapes de construction du plan

Les grandes lignes de votre plan peuvent, d'ores et déjà, vous apparaître avec évidence. Inversement, vous mettrez peut-être du temps avant de trouver une structure solide et cohérente.

Pour construire votre plan, partez :

- de l'axe que vous avez précisé (quels lecteurs, quels personnages, quels thèmes) ;
- de la documentation que vous avez retenue ;
- de ce que vous avez noté dans votre carnet ;
- des premières idées qui vous sont apparues en lisant les pages précédentes.

Dans certains cas, vous vous rendrez compte que votre sujet reste trop vaste et qu'il convient de le densifier encore.

Du plan sommaire...

Commencez par coucher sur le papier le plan qui vous vient à l'esprit ; d'abord les parties, puis les chapitres. Voyez s'il « fonctionne », c'est-à-dire s'il est cohérent, fluide : les chapitres doivent s'enchaîner de façon judicieuse et logique.

Si ce n'est pas le cas au premier jet, réagencez parties et chapitres pour parvenir à un plan qui se tienne. N'hésitez pas à changer totalement d'optique et à tenter tout autre chose. Accrochez-vous et songez à votre satisfaction lorsque votre plan sera sur le papier. Car alors, rappelons-le, vous aurez réalisé une grosse partie de votre travail.

Une fois que vous aurez trouvé le « bon plan », n'y touchez plus !

> Mettez votre plan au propre. Laissez passer quelques heures et reconsidérez l'enchaînement de vos chapitres. Est-ce qu'il structure votre propos de façon habile ? Vous « parle-t-il », correspond-il à la représentation que vous vous faites de l'histoire familiale ? Quelqu'un qui ne connaît pas cette histoire le trouvera-t-il clair, logique, cohérent ?

> Si votre plan est encore bancal, vous devrez peut-être le modifier radicalement, mais il suffit parfois de peu pour rétablir l'équilibre : renoncer à aborder un point ou le faire ailleurs dans le texte ; intervertir, scinder ou fusionner des chapitres.

> Reprenez chaque rubrique de votre plan (parties, chapitres, sous-chapitres) : quel titre pouvez-vous lui donner ? Cet intitulé peut être simple et provisoire : d'autres idées surgiront sans doute au fil ou au terme de la rédaction. Pour l'instant, l'écrire vous oblige à synthétiser ce que vous voulez dire dans le développement en question.

... au plan détaillé

Lorsque vous avez déterminé les grandes lignes de votre plan (un grand bravo !), vous pouvez les détailler afin d'obtenir le déroulé complet de votre livre.

Pour chaque chapitre de votre plan sommaire, notez en vrac tous les points que vous voulez aborder. Ensuite, classez ces informations ; des sous-chapitres se dégageront sans doute.

Ainsi, votre plan comprendra au final :

* les titres des parties, des chapitres et, éventuellement, des sous-chapitres ;

* la liste logique des points abordés ;

* pour chacun de ces points, les références des documents (mini-biographies, documentation personnelle, titres d'ouvrages) que vous souhaitez utiliser.

Vous bataillerez peut-être pour pouvoir intégrer dans votre plan tout ce que vous aimeriez y voir. Il est possible que vos difficultés proviennent d'une surabondance d'informations : vous devrez alors en abandonner certaines, ce qui vous évitera aussi de noyer vos lecteurs dans des détails et des digressions inutiles. Ne retenez que ce qui est important, renoncez au secondaire.

Mettez votre plan au propre, laissez passer quelques heures et relisez-le. Qu'en pensez-vous ? Des informations apparaissent-elles en plusieurs endroits ? Entrent-elles toutes dans le cadre de votre sujet, ou certaines s'en éloignent-elles ? Reprenez votre documentation et vos notes : avez-vous oublié quelque chose ?

Voici le plan détaillé du chapitre 1 présenté p. 109 :

Chapitre 1 - De la rencontre au départ pour C.
Premières approches, portrait de R. et de N.
La rencontre ; portrait de R. ; portrait de N. ; les rendez-vous secrets (anecdote des poids dans le sac) ; la demande en mariage ; le trousseau de N.
Amours et mariages dans les campagnes d'alors
Synthèse des livres *Mari et femme dans la société paysanne*[1] et *Amours et mariages en France d'autrefois*[2]

---

1. Martine Segalen, *Mari et femme dans la société paysanne*, Flammarion, 1984.
2. Marie-Odile Mergnac et al., *Amours et mariages en France d'autrefois*, Archives & Culture, 2004.

> Le mariage de R. et N.
>> Église et mairie ; invités ; menu ; vêtements
> Les premiers mois de mariage
>> La vie morne et spartiate à T. ; la nostalgie de N. et les visites à sa famille ; les tâches ménagères ; le travail à la ferme
> L'attribution de la maison de C. aux jeunes mariés
>> Les partages ; le jeu des chaises musicales à T. ; R. achète des lunettes à N. ; le déménagement (la jument Mignonne)

S'il est bien conçu au départ, vous n'aurez pas à revenir sur votre plan en cours de rédaction, du moins dans ses grandes lignes. En revanche, le processus d'écriture vous amènera sans doute à en modifier l'ordre détaillé. Mais ne négligez pas de préétablir un déroulé précis de votre texte : il constituera de toute façon un guide facilitant votre travail d'écriture, et un outil pour ne rien oublier si vous y apportez des changements.

Une fois votre plan déterminé, classez votre documentation (papier et informatique) et vos notes en fonction de vos parties et de vos chapitres. Et n'oubliez pas de conserver votre précieuse « feuille de route » à portée de vue ou de main !

Le plan *a posteriori*

Si vous êtes totalement imperméable ou réfractaire à la construction d'un plan, vous pouvez toujours tenter de vous lancer en aventurier… à vos risques et périls. Laissez-vous porter par votre plume et vos associations d'idées ; mais une fois votre texte achevé, mettez-y un peu d'ordre et de logique (pensez à vos lecteurs !).

Nous insistons, malgré tout : vous gagnerez du temps et de l'énergie à mener ce travail avant de démarrer.

Écrire à partir de documents

Vous pouvez aussi bâtir un livre en partant de vos photos, lettres et autres archives. Ces documents, que vous agrémenterez de commentaires plus ou moins longs, tiendront alors une place prépondérante. Mais un plan n'en reste pas moins indispensable : la présentation de ces documents doit correspondre à une logique.

Quel que soit le plan que vous construirez, il vous guidera pour le reste de votre travail et vous vous sentirez moins noyé. Cela vous évitera peut-être d'abandonner votre projet, faute de savoir où vous allez.

Après vous être réjoui d'avoir réalisé votre « feuille de route », voici venu le temps de l'écriture. Une tâche que je vous propose de décomposer en trois grandes phases.

6

Le premier jet : laissez-vous aller

Ça y est, vous avez tout en main pour vous lancer dans la grande aventure de l'écriture ! Pour arriver à bon port, il n'existe ni règle d'or ni recette miracle. Chacun a sa manière de « fonctionner », son rythme, ses difficultés et sa façon de les surmonter.

Nous vous proposons de diviser la phase d'écriture en trois grandes étapes. La première consiste à écrire l'ensemble de votre texte, la deuxième à le retravailler, la troisième à le peaufiner.

L'écriture du premier jet est, vous vous en doutez, la phase la plus délicate. C'est ici que vous serez le plus vulnérable au découragement et à l'envie de tout abandonner. Ce qui, avouez-le, serait fort dommage…

Écrire sans se retourner

L'idée est d'écrire ce premier jet « d'une seule traite », sans vous relire ni vous faire relire. À partir de votre plan, que vous conserverez à portée de main sinon de regard, rédigez sans vous soucier de la forme. Une fois que la matière sera entièrement écrite, vous n'aurez plus qu'à la retravailler, en fin de parcours. N'essayez pas, en même temps, de coucher vos idées sur le papier et d'écrire correctement et/ou joliment : on ne peut pas être partout à la fois. S'attacher simultanément au fond et à la forme vous fera perdre beaucoup de temps... et pourra même vous conduire à l'échec. Ne vous préoccupez ni de la syntaxe, ni de l'orthographe, ni de la valeur de votre écrit. Ne vous arrêtez pas à chercher le bon mot, la belle tournure. Concentrez-vous sur votre propos et laissez votre plume courir, se développer, trouver sa voie : l'écriture est une énergie qui donnera vie à votre histoire familiale.

N'abandonnez pas ce processus d'écriture. Avancez coûte que coûte. Si vous devez mener des recherches complémentaires, faites-le hors du temps que vous réservez à la rédaction. Si une information vous manque, notez-le sur votre manuscrit : vous compléterez ensuite.

Au cours de cette phase d'écriture, essayez de ne pas vous plonger dans des recherches très poussées : limitez-vous au point précis dont vous avez besoin. Si l'un de vos ancêtres était maréchal-ferrant, vous n'avez pas forcément besoin de devenir un expert de tout ce qui concerne ce métier...

Fixez-vous un nombre de pages quotidien à rédiger (deux, cinq, dix ou plus, selon votre disponibilité et votre rythme) et donnez-vous les moyens de vous y tenir. Certes, votre aisance fluctuera : la tâche sera par moments pénible, tandis que vous vous sentirez parfois pousser des ailes. Mais continuez à écrire, à travailler, à noircir les pages avec confiance. Vous aurez l'agréable surprise, une fois parvenu au bout de ce premier jet, de constater que votre texte « tient la route ».

Être vous-même... sans oublier vos lecteurs

Nous l'avons dit, chacun possède son propre style. Écrivez avec les mots qui sont les vôtres, sans chercher à imiter un modèle. Respectez votre voix, ayez confiance en elle et à la forme qu'elle prendra dans l'écriture.

En particulier, ne pensez pas que vous « accrocherez » le lecteur en vous montrant grandiloquent. Laissez tomber les grands effets de manche, l'abondance de superlatifs ou d'exclamations, l'excès de sentimentalisme ou de pittoresque, les jeux de mots gratuits… Ce n'est pas avec des phrases comme « C'était absolument incroyable !!!!! extraordinaire !!!!! » que vous retiendrez l'attention de vos lecteurs. Ceux-ci pourraient même s'en agacer, surtout si ce style ne vous ressemble pas. Point n'est besoin de grands artifices pour être lu. Rien ne vaut la simplicité, ce qui n'exclut ni l'humour ni la créativité (pour enrichir votre style, voir p. 29).

Ceux qui vous liront seront surtout sensibles :

- à la manière dont vous donnerez de la chair à vos personnages ;
- à la qualité des informations que vous fournirez (éléments de contexte, analyses) ;
- au rythme que vous imprimerez à votre récit ;
- à la lisibilité du texte, que vous retravaillerez ensuite. Vos lecteurs ne devront pas faire d'efforts pour vous suivre et vous comprendre ;
- aux illustrations que vous intégrerez ;
- à l'émotion qui se dégagera ici et là, sans qu'il soit besoin de grandes effusions ;
- à votre voix, à la vibration qui se dégagera de votre texte. C'est en laissant votre écriture se déployer que vous parviendrez à ce résultat.

Cela étant, vos proches ne vous demandent sans doute pas de produire un chef-d'œuvre. Il s'agit « seulement » pour vous de laisser une trace de l'histoire familiale à travers un livre clair, vivant et rigoureux. Pour y parvenir, vous devez faire preuve d'humilité et vous mettre à la place de vos lecteurs. Nul doute que cette préoccupation vous échappera parfois au cours du premier jet, mais vous y reviendrez en retravaillant votre manuscrit.

Quelques amorces pour démarrer

Peut-être avez-vous construit votre plan avec difficulté ? Mais grâce à lui désormais, vous êtes libre de démarrer votre récit où bon vous semble. Quel est le chapitre qui vous paraît le plus facile à écrire ? Celui dont vous maîtrisez le mieux le sujet ?

La plume se déliant, vous pourrez ensuite vous lancer dans la rédaction des parties ou des chapitres qui vous semblent plus ardus. En bref, écrivez dans l'ordre qui vous plaira !

Vous pouvez aussi :

- débuter par un événement ou un souvenir personnel que vous avez très envie de raconter ;

- vous mettre dans le bain en partant d'une photo de famille (voir la proposition p. 28) ;

- écrire l'expression « Il était une fois » et continuer l'histoire, en abandonnant le style et le ton propres aux contes.

Vous vous servirez du texte ainsi produit comme d'un simple déclencheur, ou le raccrocherez à votre plan.

Quoi qu'il en soit, n'attendez pas d'être touché par la grâce de l'« inspiration ». Vous devez à tout prix commencer à écrire, y compris sur n'importe quoi. Ce n'est qu'en amorçant la pompe que les mots viendront. Et gardez à l'esprit que même si vos premières phrases sont maladroites, vous les retravaillerez ensuite.

Angoisse de la page blanche et autres blocages

Des obstacles se dressent sur la route de tous les auteurs (même les plus grands), qui y remédient de diverses manières ; notamment, en respectant des plages horaires régulières. Vous savez ce qu'il vous reste à faire si vous n'avez pas encore pris de telles dispositions…

Mais la régularité, non plus que l'aide apportée par votre plan, ne résout pas tous les problèmes. Comment réagirez-vous face aux blocages qui ne manqueront pas de vous saisir ? Voici divers « trucs » glanés ici et là ou tirés de ma propre expérience. Lequel sera efficace pour vous ?

Écrivez quand même… Peu importe que le résultat vous semble très mauvais, puisque vous le retravaillerez ensuite. Certains jours de grande fatigue, vous pouvez ruser en décidant de n'écrire qu'une seule page. Cela vous encouragera à démarrer et peut-être poursuivrez-vous sur votre lancée…

Vous pouvez aussi écrire n'importe quoi, un texte pour vous seul et sans enjeu, un texte pour le plaisir, histoire de vous dégourdir la plume…

Pensez à vos lecteurs, ou à l'un d'eux en particulier. L'écriture est communication : garder à l'esprit que vous vous adressez directement à vos proches vous aidera peut-être à coucher les mots sur le papier.

Si vous ne réussissez pas à exprimer votre pensée, c'est peut-être parce que vous ne savez pas précisément ce que vous voulez dire. Prenez du temps pour y réfléchir. En revanche, s'il s'agit bien d'une difficulté d'écriture même, persévérez, tournez autour, essayez toutes les formulations possibles. La forme juste finira peut-être par s'imposer. Sinon, laissez ce passage de côté et reprenez-le plus tard, vous y verrez plus clair.

Vous pouvez écrire une lettre à un parent ou à un ami, pour lui exposer ce que vous voudriez dire. Enlevez ensuite le « cher… » du début : bien souvent, la matière sera là ! De même, vous pouvez expliquer à quelqu'un ce que vous souhaitez dire, ou le formuler à voix haute pour vous-même. Gardez votre carnet à proximité, pour y inscrire tout de suite ce que vous parvenez à énoncer clairement.

Un blocage peut s'expliquer par le manque de clarté de votre projet. Avez-vous répondu à toutes les questions fondamentales (voir chapitre 3) ? Certaines d'entre elles se résoudront au fil de votre travail, mais peut-être vaut-il mieux essayer de les prendre à bras-le-corps dès maintenant pour avancer plus sereinement ?

Repensez à vos motivations et à l'échéance que vous vous êtes fixée. Pensez à ceux que vous privez de ce texte (vous, notamment) alors que vous avez déjà accompli une grande partie du travail. Représentez-vous tout ce que vous avez déjà réalisé et réussi : vos recherches, votre préparation, votre plan, les passages déjà écrits... Courage, ne baissez pas les bras maintenant !

Avez-vous l'habitude de torpiller ce que vous entreprenez ? Voici une bonne occasion d'y réfléchir et de ne pas céder au saboteur qui est en vous...

Revenez à votre plan. En regardant la voie que vous avez tracée, vous trouverez peut-être l'élan nécessaire pour poursuivre.

Lisez. Privilégiez les textes dont le genre et le thème sont éloignés des vôtres : roman policier, poésie, etc.

Revoyez votre documentation ou vos fiches, pour vous replonger dans votre sujet et déclencher l'envie d'écrire.

Faites autre chose, de préférence une activité physique ou manuelle. Cela vous permettra de prendre un peu de distance, au sens propre comme au sens figuré, sans rompre tout à fait avec votre travail. Votre esprit fera peut-être « tilt » !

Si vous avez parlé de votre livre autour de vous, vos proches sauront sans doute vous encourager. Mieux encore, échangez avec des personnes qui mènent un projet comparable. Il y a de fortes chances pour que vous partagiez peu ou prou les mêmes difficultés...

Cherchez la bonne heure. Le créneau horaire que vous consacrez à la rédaction ne convient peut-être pas à votre rythme. Nombre d'écrivains disent travailler très tôt le matin : silence, solitude et repos du monde extérieur favorisent l'écriture. Le soir, autre moment en lisière, vous sera-t-il plus profitable ? Si vous le pouvez, adoptez le rythme de certains auteurs : les horaires de bureau ! En tout cas, trouvez *votre* moment privilégié et prenez des habitudes de travail.

Finissez au bon moment. On dit que l'écrivain américain Hemingway achevait sa séance d'écriture au milieu d'une phrase ou d'un passage dont il avait déjà prévu la fin. Le lendemain, il se mettait au travail en terminant cette phrase ou ce paragraphe. La pompe était amorcée…

Vous le voyez, la plume des grands auteurs n'est pas toujours aussi alerte qu'on pourrait le penser. Tous retravaillent leurs textes. Il n'est que de voir les innombrables ratures, retouches et remaniements apportés par Balzac, Flaubert ou Proust, pour s'en tenir à eux.

Mais si la persévérance s'impose, il faut savoir faire relâche pour laisser l'inconscient poursuivre son travail, les idées faire leur chemin. Parfois, une nuit suffit à porter conseil. Si vous avez besoin de plus, aérez-vous l'esprit… pour retrouver un nouveau souffle ; mais gardez le contact avec votre travail : rangez votre bureau, réfléchissez, prenez des notes, échangez, etc.

Au terme d'une journée d'écriture laborieuse, vous vous sentirez peut-être découragé. Ne perdez pas espoir : vous connaîtrez, dès le lendemain peut-être, des moments plus heureux. Et quand vous parvenez au terme d'un chapitre ou d'un passage qui vous a paru difficile, n'oubliez pas de vous féliciter et de savourer ce moment !

Quelques règles de saisie du texte

Vous pourrez changer l'aspect de votre document (police de caractères, dimension des marges, etc.) à tout moment. En revanche, vous gagnerez un temps précieux en respectant certains usages dès ce premier jet.

La typographie

Les règles typographiques sont des conventions facilitant la lecture : usage des majuscules, des abréviations, des italiques, des traits d'union, de la ponctuation, etc. En voici quelques-unes :

- aucun mot ne doit être saisi en lettres majuscules, à l'exception des sigles. Un mot ou, pire encore, un passage en majuscules est peu lisible ;

- les sigles, que vous prendrez soin d'expliciter si nécessaire, s'écrivent sans points entre les lettres. Vous conviendrez sans doute que SNCF est plus léger que S.N.C.F. ;

- on écrit roi (et non Roi), pape, président de la République, maire, etc. ;

- si vous voulez souligner certains termes, utilisez les caractères gras. Mais n'en abusez pas car, alors, plus rien ne sera mis en évidence ;

- l'italique, lui, s'applique aux mots étrangers (ou patois), aux courtes citations (voir ci-après) ou aux titres d'œuvre ;

- d'une manière générale, restez sobre dans le maniement des artifices comme les changements de caractère, l'emploi de la couleur, etc. Ce n'est pas en noyant vos lecteurs sous un déluge de signes que vous capterez leur attention. Bien au contraire, ils en seront déboussolés ;

- les siècles s'écrivent en chiffres romains (XIXe siècle).

Pour chaque commune citée, vous préciserez le nom (éventuellement, le numéro) du département. Aujourd'hui, vos proches savent où vivaient vos parents ou vos grands-parents ; en sera-t-il de même pour vos lecteurs futurs ? Mettez-vous à la place de ceux qui vous lisent : vous devez tout faire pour qu'ils ne butent pas sur votre texte. Bien sûr, si une grande partie de votre récit se déroule à Neuvy-sur-Barangeon, le département sera indiqué une seule fois. Mais si vous ne parlez qu'occasionnellement de ce village, rappelez à vos lecteurs, à chaque première apparition dans un chapitre, que Neuvy-sur-Barangeon se trouve dans le Cher.

Les citations

Paroles rapportées, extraits de témoignage ou d'ouvrage viennent appuyer ou relancer votre propos. Si la citation n'excède pas trois ou quatre lignes, vous l'insérerez dans le texte en utilisant les guillemets et l'italique. Au-delà, vous la placerez en retrait et sans guillemets ni italique.

Attention aux droits d'auteur !

Si vous diffusez votre document hors du cercle de famille, vous devez respecter les droits des auteurs. Pour reproduire un texte excédant une dizaine de lignes ou une image, vous devez en demander l'autorisation à l'éditeur du livre ou de la revue (sauf si le texte fait partie du domaine public, c'est-à-dire si son auteur est mort depuis plus de 70 ans). Vous ferez de même pour les contenus des sites Internet. Si l'éditeur vous donne son accord, ce sera généralement sans contrepartie financière.

Vous devrez indiquer dans votre courrier :

- vos coordonnées personnelles : prénom et nom, adresse postale, courriel ;
- des précisions sur le document que vous voulez reproduire : titre, année de publication, ISBN (indiqué au dos du document) ou site Internet, éléments concernés (pages, cartes, schémas, tableaux, photos…) ;
- des informations sur votre ouvrage : titre, nombre de pages, tirage, date prévue pour la publication, prix de vente.

Quelle que soit la longueur de la citation, vous indiquerez sa source. S'il s'agit d'un livre ou d'un article, voyez pages 153-154 la façon de présenter les références. S'il s'agit d'un site Internet, vous mentionnerez son adresse et la date à laquelle vous l'avez consulté.

D'une manière générale, précisez tout ce qui aidera vos lecteurs à retrouver le texte original.

Prenez la peine de vérifier les phrases reprises partout et dont on ne connaît plus ni l'auteur ni la formulation exacte (un exemple type : « *Ne me secouez pas. Je suis plein de larmes*[1] »). Cela vaut pour toutes vos sources d'une manière générale : doutez et vérifiez, ne propagez pas erreurs et approximations.

Pour citer un témoignage, vous devez avoir obtenu l'accord de son auteur. Dans ce cas, vous spécifierez son nom, sa fonction ou sa place dans la famille (encore une fois, cela peut être évident aujourd'hui mais qu'en sera-t-il dans quelques années ?), éventuellement son âge.

Enfin, toute coupure dans une citation doit être indiquée par trois points placés entre crochets. Vous ferez de même pour les termes modifiés ou ajoutés : « *Dans certaines {familles}, il faut prendre sur soi, ne jamais se plaindre ni exprimer la moindre émotion. Dans d'autres, {…} on peut tout dire, manifester ses désirs et ses contrariétés. Cela n'a rien à voir avec l'amour que se portent les membres du groupe.*[2] »

Les notes

Les notes sont utiles pour :

- renvoyer à un autre passage ;

- introduire un court développement qui, selon vous, n'a pas sa place dans le corps du texte ;

- fournir une précision ;

- indiquer une référence d'archive, d'ouvrage ou d'article. Vous pourrez, en plus, rassembler l'ensemble de ces références à la fin de votre document.

---

1. *In* Henri Calet, *Peau d'ours : notes pour un roman*, Gallimard, coll. L'Imaginaire, 1958, p. 162.
2. Le texte original est : « *Dans certaines, il faut prendre sur soi, ne jamais se plaindre ni exprimer la moindre émotion. Dans d'autres, au contraire, on peut tout dire, manifester ses désirs et ses contrariétés. Cela n'a rien à voir avec l'amour que se portent les membres du groupe.* » Sylvie Angel, *Ah, quelle famille !*, Robert Laffont, 2003, p. 49.

Ça se discute :
les numéros Sosa-Stradonitz

En généalogie, les numéros Sosa-Stradonitz (« les Sosa ») permettent d'identifier les ascendants. Faut-il les mentionner dans votre livre de famille ?

Le pour :	Le contre :
• un autre généalogiste pourra s'appuyer sur vos informations ; • ils seront utiles à un descendant voulant poursuivre votre travail ; • couplés avec des arbres généalogiques, ils aideront vos lecteurs à se repérer si votre généalogie est complexe. Le plus simple est alors d'indiquer les numéros Sosa entre parenthèses après chaque nom cité.	• ils alourdissent le texte et rompent la lecture ; • ils sont inutiles si vous retracez une généalogie linéaire simple.

Un compromis peut consister à préciser les numéros Sosa dans l'index des personnes citées dans le livre.

Les Sosa ne doivent en aucun cas créer la confusion dans l'esprit de vos lecteurs (vous aurez pris soin d'expliquer en introduction comment fonctionne le système).

Vous placerez les notes au bas de chaque page concernée (dans les versions récentes du logiciel Word, cliquer sur « Référence », puis sur « Insérer une note de bas de page »), plutôt qu'en fin de chapitre ou d'ouvrage. Ainsi, vos lecteurs n'auront pas besoin de les chercher pour s'y reporter.

Par ailleurs, les logiciels de traitement de texte vous donnent le choix : la numérotation peut être continue, débuter à chaque nouveau chapitre ou à chaque nouvelle page (comme dans le présent livre). Si vous insérez beaucoup de notes de bas de page, préférez la troisième solution. Mais vous avez observé que cet outil pouvait rompre le fil de la lecture : n'en abusez pas…

Les renvois

Vous pouvez inviter vos lecteurs à consulter d'autres parties, chapitres ou pages de votre texte. Vous le ferez soit dans des notes de bas de page, soit entre parenthèses au fil du texte, comme dans le présent ouvrage.

L'écriture de ce premier jet est sans doute l'étape qui vous donnera le plus de mal. Vous connaîtrez des moments de découragement, aurez parfois envie de tout abandonner. Persévérez. Vous trouverez les ressources pour poursuivre.

Une fois cette mouture achevée, réjouissez-vous, félicitez-vous, récompensez-vous ! Le plus dur est derrière vous : votre texte a pris forme, il ne vous reste qu'à l'améliorer.

Souriez, prenez quelques jours de repos bien mérité et imprimez ! Vous pouvez enfin vous relire.

7

Le second jet :
réécrivez sans relâche

Cette deuxième phase de l'écriture consiste surtout à améliorer la structure de votre texte. Chemin faisant, vous apporterez quelques retouches d'écriture. Une fois parvenu au terme de cette étape, vous vous ferez relire.

En fonction de votre disponibilité, de votre discipline, de la longueur de votre texte et de l'ampleur des modifications à y apporter, la mise au point de ce second jet durera plus ou moins longtemps. Fixez-vous des objectifs d'avancement.

Travailler la cohérence

En prenant connaissance de la globalité de votre texte, vous aurez sans doute l'agréable surprise de constater que celui-ci, comme nous l'avons dit, « tient la route ». Pour autant, vous y lirez des passages peu clairs, quelques redites, des incohérences… Or, votre texte doit « couler » du début à la fin.

Restructurer

Après avoir rédigé l'ensemble, l'ordre des chapitres vous semble-t-il le plus logique possible ? Gagnerait-il à être modifié ? D'un seul chapitre, pourriez-vous en faire deux ? Ou le contraire ?

À l'intérieur de ces chapitres, certains passages doivent-ils être déplacés ? Un aspect pourrait-il être traité ailleurs ou autrement ?

Devez-vous, par endroits, « casser » de grands blocs de texte en créant de nouveaux paragraphes, c'est-à-dire en revenant à la ligne et en insérant un interligne ? Ces espaces sont comme des respirations (on parle bien, d'ailleurs, d'aérer un texte) dans la lecture, ainsi facilitée.

Mais un paragraphe ne constitue pas qu'un élément visuel. Il est aussi un ensemble de phrases devant présenter une certaine unité de sens. En principe, un paragraphe contient une idée et une seule. C'est pourquoi vous devrez peut-être, inversement, lier certains paragraphes. Si vous êtes allé à la ligne après chaque phrase, vous devez peut-être enrichir votre texte : soit de mots de liaison (voir p. 133), soit de développements.

En définitive, votre texte ne doit pas être composé uniquement de paragraphes trop longs (rebutants) ou trop courts (qui hachent la lecture). L'idéal est d'en varier la longueur, afin d'éviter toute monotonie. Mais ces alternances de forme doivent respecter une logique de sens.

Élaguer

Au regard de l'ensemble, tout ce que vous avez écrit vous paraît-il utile, intéressant ? Y a-t-il des redites ? Certains détails font-ils perdre de leur force au récit ? Êtes-vous allé trop loin dans certaines descriptions, certains développements ? Une synthèse, une condensation seraient-elles bienvenues ?

Supprimer des phrases, voire des passages entiers, est parfois la meilleure chose à faire. Peut-être trouverez-vous cela difficile : vous devez « abandonner » une partie de votre travail, de votre savoir… Pourtant, l'abondance de détails, de digressions peut ennuyer ou perturber les lecteurs les mieux disposés. Même si le sujet vous tient à cœur, restez concis et précis : un texte délayé risque de ne pas être lu. Il ne s'agit pas d'appauvrir le récit, mais de le simplifier pour en faciliter la lecture et la compréhension. Encore une fois, conservez l'important et délaissez le secondaire. Ceux qui voudront en savoir plus ne manqueront pas de vous solliciter ou de se documenter, grâce aux références que vous leur donnerez.

Souvenez-vous des encadrés !

Dans certains cas, vous pouvez extraire de la matière de votre texte pour en faire un encadré. Mais ne « recyclez » les passages en question que si cela en vaut vraiment la peine. Nous ne le dirons jamais assez : mettez-vous à la place de vos lecteurs !

Étoffer

Inversement, vous devez peut-être enrichir certains passages, pour les rendre plus vivants ou plus compréhensibles. Certains ajouts ou développements amélioreraient-ils la cohérence et la logique de l'ensemble ? N'avez-vous rien oublié ? Reprenez vos fiches et votre documentation, afin de compléter ce qui doit l'être.

Revoir l'alternance

Au cours de cette relecture, vous pouvez retravailler l'alternance des informations que vous présentez (voir p. 90). Nous l'avons dit, ce cocktail bien mélangé rendra votre texte plus vivant et évitera une éventuelle monotonie.

Réécrire

En vous relisant, vous vous réjouirez de la limpidité de certains passages. D'autres, en revanche, vous sembleront approximatifs, obscurs… voire tout bonnement incompréhensibles : il est temps de les réécrire.

Fluidifier

Nous l'avons dit, votre texte doit « couler » : il doit présenter une continuité – et non une accumulation – de parties, chapitres et paragraphes. Pour parvenir à la fluidité, vous soignerez les transitions. Celles-ci font le lien entre les divers éléments du texte et permettent une lecture sans à-coups. Bannissez le « sans transition » souvent entendu au journal télévisé ! Vous ne donnez pas les nouvelles du jour, mais écrivez une histoire. Le lecteur doit en suivre le déroulement sans brutalité, cheminer d'un passage à l'autre en étant « accompagné ».

Ainsi, chaque partie et chapitre établira un pont avec la partie ou le chapitre suivant, pour que votre texte forme un tout cohérent et lié (même si chaque partie ou chapitre peut être lu indépendamment). Une transition habile donnera aussi à vos lecteurs l'envie et la curiosité de lire la suite !

Si vous ne les avez pas rédigés au cours du premier jet, vous devez maintenant vous pencher sur ces liens. Ils seront présents partout dans votre texte :

* à la fin de l'introduction ;
* à la fin de chaque partie, pour annoncer la suivante ;
* à la fin de chaque chapitre, pour annoncer le suivant ;
* à la fin du dernier chapitre, pour annoncer la conclusion.

Plus votre texte sera long, plus le besoin de transitions se fera sentir.

Voici comment peut s'achever un chapitre : « Malgré son installation à Paris, Jules retourne régulièrement à Mimizan. Un beau jour, en allant se baigner, il rencontre une jeune fille du pays. » Suit, vous l'aurez compris, un chapitre dédié à cette rencontre ou à la future épouse de Jules, par exemple.

Avant les transitions, vous pouvez rédiger une synthèse (en indiquant les principaux points à retenir) ou une conclusion de ce qui précède.

Parties et chapitres, en outre, débuteront par une introduction présentant leur contenu aux lecteurs. Un exemple : « Mais revenons un peu en arrière. Nous avons évoqué les origines de mon arrière-grand-père, mais de quelle famille était issue son épouse ? »

Nous avons parlé des transitions entre les grandes masses du texte (parties, chapitres). Mais vous devez aussi relier les paragraphes et les phrases, à l'aide de mots ou d'expressions.

Relations logiques	Quelques outils de connexion
Addition	Et, de plus, par ailleurs, en outre, surtout, d'abord… ensuite, d'une part… d'autre part, etc.
Opposition	Mais, à l'inverse, en revanche, toutefois, néanmoins, pourtant, au contraire, etc.
Comparaison	Comme, de même que, de la même manière, dans le même ordre d'idées, etc.
Cause	Car, parce que, puisque, en effet, en raison de, étant donné, comme, etc.
Conséquence	Ainsi, alors, donc, aussi, si bien que, dès lors que, de sorte que, c'est pourquoi, etc.
Concession	Malgré, bien que, quoique, certes… mais, en dépit de, il est vrai que… mais, etc.
Renforcement	De plus, en outre, par ailleurs, qui plus est, de surcroît, non seulement… mais, du reste, etc.
Hypothèse	Si, à condition que, au cas où, à supposer que, etc.

Vous pouvez également montrer une relation de cause ou de conséquence par des verbes tels que « découler », « résulter », « impliquer », « entraîner », etc. Ou bien utiliser la ponctuation, en insérant deux points entre deux éléments de phrase : « En 1868, ils vendirent leurs terres : ils avaient décidé d'aller tenter leur chance en ville. »

Pour fluidifier votre texte, n'oubliez pas de donner des repères de temps : « cinq ans plus tard », « quelques mois après », « le lendemain », « la veille », « auparavant », « ensuite », « puis », etc.

Enfin, trouvez et montrez les liens entre certains événements. Par exemple : « Tout comme son père l'avait fait 30 ans auparavant... »

Traquer les jugements de valeur

Au fil de la plume, avez-vous pris parti, exprimé un jugement moral ou de valeur ?

Traquez les indices d'opinion, notamment :

- les comparatifs (« plus », « moins », « mieux », « pire », etc.) ;
- le vocabulaire évaluatif (« beau », « laid », « bon », « mauvais », « juste », « injuste », etc.) ;
- le vocabulaire affectif, qui traduit un sentiment ou une émotion (« inadmissible », « admirable », « insupportable », etc.) ;
- les généralisations (« toujours », « jamais », « aucun », « tout », « systématiquement », etc.) ;
- les expressions appréciatives (« je ne sais quel », « ô combien », « soi-disant », etc.) ;
- l'ironie.

Vérifiez que vous avez avancé des certitudes ou instauré le doute de façon appropriée.

Si vous tenez à exprimer une opinion personnelle, respectez vos lecteurs en la formulant en votre nom propre et en utilisant le « je ».

Par ailleurs, si certains termes vous heurtent lorsque vous vous relisez, demandez-vous si vous les assumez vraiment et quelles conséquences néfastes ils pourraient avoir (dissensions familiales, notamment). N'hésitez pas à les supprimer ou à les modifier.

Dégrossir les corrections

Tout en retravaillant la structure de votre texte, vous améliorerez un peu l'écriture :

- vérifiez que vous n'avez pas modifié le temps principal du récit (passé simple, passé composé ou présent) ;

- rétablissez la concordance des temps, pour éviter incompréhensions ou contresens sur la succession des événements ;

- coupez ou reformulez les phrases lourdes ou mal construites ;

- corrigez les fautes de syntaxe et d'orthographe qui vous sautent aux yeux. Vous l'avez sans doute remarqué, les logiciels de traitement de texte ne repèrent pas toutes les erreurs… et parfois même en ajoutent. Rien ne remplace une lecture humaine ;

- traquez les termes inadéquats, voire incorrects ;

- évitez les mots vagues (« il y a », « on », « être », « avoir ») ou à double sens (« La nouvelle ligne de chemin de fer *desservait* le village ») ;

- remplacez ou supprimez les mots inutilement savants ;

- repérez vos « tics d'écriture » (mots, expressions ou tournures employés de façon répétitive) ;

- supprimez les répétitions. Celles-ci peuvent être inévitables, notamment lorsque vous devez employer des termes techniques sans équivalent. Elles s'avèrent même parfois utiles, pour créer un effet (« Cet enfant, ils l'ont mis au monde. Cet enfant, ils l'ont élevé, aimé. Cet enfant,… »).

C'est aussi au cours de ce second jet que vous vérifierez ou préciserez noms, dates, références, citations…

Vous faire relire

Vous avez en main le second jet de votre texte ? Bravo ! Vous pouvez maintenant vous faire relire par des tiers. Qu'ils connaissent ou non l'histoire de votre famille, vérifiez d'abord qu'ils aient le temps et l'envie de vous relire. Puis, demandez-leur :

- d'estimer l'ordre des chapitres, de valider le plan ou d'en proposer un autre ;

- de vérifier la cohérence et la clarté du texte ;

- de vous suggérer des suppressions, des ajouts, des améliorations nécessaires.

Et ce, sans porter de jugement sur votre style, ni s'attacher aux fautes d'orthographe ou de syntaxe qui subsistent (vous pourrez solliciter une aide plus littéraire quand votre texte sera peaufiné). Vos lecteurs doivent porter un regard critique sur le fond et tenter de vous proposer des axes de progression.

Avant ou après leur lecture, vous pouvez attirer leur attention sur des points particuliers. Par exemple : « Est-ce que je ne suis pas trop sévère (ou trop complaisant) vis-à-vis de mes/nos ancêtres ? », « Le mode de vie d'autrefois est-il bien restitué ? »

Si vos lecteurs se bornent à vous complimenter, trouvez-en d'autres : il est douteux que votre document ne nécessite aucune amélioration. Les personnes que vous avez sollicitées n'osent peut-être pas vous révéler leur opinion ; il n'est pas facile, en effet, de remettre en question un travail comme le vôtre. Par ailleurs, tout le monde n'est pas capable de donner un avis objectif et argumenté sur un texte. Sachez qu'à partir de quelques dizaines de pages, des professionnels décèlent les faiblesses – mais aussi les points forts – de votre texte et vous conseillent. Pour Pierre-Yves Beauchant, *« c'est cher, mais au moins vous aurez un avis motivé*[1] *»*.

En définitive, faites-vous relire par des personnes qui se montreront honnêtes sans être brutales, dont le regard sera à la fois critique et bienveillant, qui sauront vous suggérer des pistes d'amélioration et vous prodiguer le soutien nécessaire.

Votre manuscrit est entre de bonnes mains ? Savourez une pause bien méritée !

Pendant trois ou quatre semaines, laissez aussi reposer votre texte. N'y pensez plus. Quand vos relecteurs se manifesteront, vous aurez retrouvé l'objectivité nécessaire à la dernière étape, celle du peaufinage.

---

1. Pierre-Yves Beauchant, *op. cit.*

8

Et pour finir : peaufinez

Êtes-vous d'attaque pour la dernière étape ? Tel un artisan qui tire plaisir du travail bien fait, vous allez maintenant donner bel aspect et belle finition à votre texte. D'abord en peaufinant son écriture, ensuite en l'habillant d'accessoires... indispensables.

Après un mois d'interruption, vous avez l'esprit clair pour reprendre votre écrit avec un œil neuf... même si vous n'en avez guère envie. Rappelez-vous que vous avez accompli le plus difficile : courage pour cette dernière ligne droite !

Que faire de l'avis de vos lecteurs ?

Vous avez recueilli l'opinion d'une ou de plusieurs personnes. L'écriture comportant une forte charge émotionnelle, certaines remarques négatives vous ont peut-être froissé. Néanmoins, remerciez ceux qui ont pris le temps de vous relire et tentez d'accepter leur critique.

Une fois votre émotion retombée, examinez leurs observations : vous semblent-elles justifiées ? Si deux personnes au moins vous ont donné un avis similaire sur tel ou tel point, il est probable qu'il faille en tenir compte. Ne doutez pas que vous trouverez une solution au problème soulevé !

Lorsque vous aurez regroupé les différentes remarques de vos lecteurs, procédez aux retouches nécessaires.

Améliorer la lisibilité

La lisibilité est la facilité à lire et à comprendre (donc, à mémoriser) un document. Vous pouvez sans doute témoigner qu'il est plus agréable d'être emporté par un texte sans buter sur les mots ou les phrases…

La lisibilité revient à écrire de manière à la fois dense et légère. Dense parce que vous supprimerez tout ce qui est inutile ; légère parce que coulante. La lisibilité, c'est la clarté. C'est aussi la simplicité, qui n'a rien à voir avec la régression, la bêtise ou la dépréciation de la langue, bien au contraire : la lisibilité implique la précision et la justesse.

Aussi, tout en respectant et même en développant votre style propre, vous pouvez améliorer le confort de vos lecteurs. D'autant que ceux-ci ne seront pas forcément intéressés *a priori* par votre texte. Si vous acceptez la démarche d'aller vers eux, les pages qui suivent vous donnent quelques axes de travail.

> *« Hâtez-vous lentement, et, sans perdre courage,*
> *Vingt fois sur le métier remettez votre ouvrage :*
> *Polissez-le sans cesse et le repolissez ;*
> *Ajoutez quelquefois, et souvent effacez.*[1] *»*

Les mots

Le choix des mots est une composante essentielle du style, mais aussi de la lisibilité. Vous voulez être lu jusqu'au bout ? Vous aimeriez que votre texte soit compris et retenu ? Révisez-le en privilégiant certains termes.

---

1. Nicolas Boileau, *L'Art poétique, Chant I*, 1674, vers 171-174.

Les mots courts

Les études confirment ce que vous savez déjà : un mot est plus rapidement perçu s'il est court (moins de 10 lettres) – un seul regard suffit. Il est aussi deux fois mieux mémorisé. Bien sûr, il ne s'agit pas d'écrire uniquement avec des mots courts, mais de les préférer à leurs équivalents plus longs.

Les mots simples

Il peut vous sembler plus chic d'écrire avec des mots rares ou savants. Pourtant, malgré l'allongement continu de la scolarité, tout le monde ne poursuit pas de longues études. En employant des mots courants, vous vous donnez la chance d'être lu par tous... y compris par ceux qui n'aiment pas attraper leur dictionnaire à tout bout de champ.

Évitez ou expliquez les termes trop techniques ou spécialisés. Par exemple, si vous êtes féru de généalogie, les termes « registres paroissiaux » ou « implexe » font partie de votre vocabulaire quotidien. En est-il de même pour ceux qui vous liront ?

Dans le même ordre d'idées, évitez ou explicitez les sigles (TSF, par exemple) et les abréviations peu courants.

En vous mettant à la place de vos lecteurs, examinez tous les termes que vous avez employés et rectifiez le tir si nécessaire. Quand vous ne pouvez pas faire autrement que d'employer des mots peu courants, prenez soin de les expliquer : discrètement dans le texte, ou bien en note de bas de page. Si plusieurs termes rares reviennent au fil du document, vous pouvez les rassembler dans un glossaire (voir p. 152).

Les mots précis

Nous l'avons dit au chapitre précédent, refusez les termes approximatifs, vagues (« être », « avoir », « il y a », mais aussi « grand », « petit », « plusieurs », « plus ou moins », etc.). Évitez aussi les mots au sens multiple ou ambigu (« important », par exemple).

À l'aide d'un dictionnaire, trouvez le mot le plus approprié pour exprimer votre pensée. De plus, l'utilisation d'un mot précis rend souvent inutile l'ajout d'un adverbe ou d'un adjectif (voir ci-après). La langue française est suffisamment riche pour que vous trouviez le mot juste.

Les mots utiles

Chassez le superflu, notamment :

* les formules creuses comme « il se trouve que », « tout à fait », « pour ainsi dire », etc.,

* les pléonasmes, comme « une apparence extérieure », « prévoir à l'avance », « mais toutefois », etc.

Les noms et les verbes

Pour faire « littéraire », vous pouvez être tenté d'employer beaucoup d'adjectifs et d'adverbes. Or, ceux-ci sont parfois inutiles et alourdissent la phrase ; ils peuvent même affaiblir votre propos (« je l'aimais » n'est-il pas plus fort que « je l'aimais beaucoup » ?). Aussi, ne gardez que ceux qui apportent réellement du sens. Par exemple, pourquoi écrire que les crêpes de votre grand-mère étaient « *vraiment exquises* » ?

Les mots précis allégeront votre texte : est-il besoin de parler d'une « maison délabrée » si vous voulez évoquer une « masure » ? De même, soigner le choix des verbes permet d'éviter les adverbes ; par exemple, mieux vaut écrire « chuchoter » que « parler doucement ».

En privilégiant les noms et les verbes, vous rendrez votre texte plus vivant et plus lisible. Il aura davantage d'impact.

Les mots concrets

Ils produisent immédiatement une image dans l'esprit de vos lecteurs, et sont donc mieux saisis que leur équivalent abstrait ; comparez par exemple école/scolarité, cousins/cousinage... Les termes concrets donnent un caractère plus vivant à votre texte.

Les mots authentiques

Les clichés sont partout. Nous avons déjà cité le « visage buriné par le temps », mais pourrions multiplier les exemples : « les cheveux blonds comme les blés », « une confiance inébranlable », « être fermement décidé », etc. Chassez les expressions convenues et galvaudées. Traquez les stéréotypes. Bannissez les mots à la mode. Exprimez-vous à *votre* manière !

D'une manière générale, n'hésitez pas à recourir aux dictionnaires pour varier votre vocabulaire, vérifier le sens d'un mot ou trouver un terme plus juste.

Les phrases

Comment travailler vos phrases pour rendre votre texte plus lisible et plus vivant ?

Raccourcir et densifier

Les phrases longues font chic ; elles paraissent plus littéraires, plus savantes. Paradoxalement, elles sont plus faciles à écrire que les phrases courtes. Elles sont aussi beaucoup plus difficiles à comprendre…

Là encore, privilégier les phrases courtes (15-18 mots) ne veut pas dire qu'il faille adopter un style télégraphique ou infantile. Il ne s'agit pas non plus d'écrire de façon plate (vous chercherez plutôt le mot précis et juste, jouerez avec les tournures). Tout en restant élégant et sans appauvrir votre propos, vous aurez simplement à cœur de rendre votre texte plus agréable à lire.

Si vous tenez à un style très littéraire, sachez que votre prose peut être à la fois délicate et lisible ; vous n'avez pas besoin de faire de longues phrases. Voyez, par exemple, ce passage écrit par Flaubert :

« Les plus vieux souvenirs de Bouvard le reportaient sur les bords de la Loire dans une cour de ferme. Un homme, qui était son oncle, l'avait emmené à Paris pour lui apprendre le commerce. À sa majorité, on lui versa quelque mille francs. Alors il avait pris femme et ouvert une boutique de confiseur. Six mois plus tard, son épouse disparaissait en emportant la caisse. Les amis,

la bonne chère, et surtout la paresse, avaient promptement achevé sa ruine. Mais il eut l'inspiration d'utiliser sa belle main ; et, depuis douze ans, il se tenait dans la même place, MM. Descambos frères, tissus, rue Hautefeuille, 92. [...] Quinze cents livres de revenu et ses gages de copiste lui permettaient d'aller, tous les soirs, faire un somme dans un estaminet[1]. »

Mieux vaut parfois ajouter…

Si une personne n'est mentionnée qu'à quelques reprises dans votre texte, précisez à chaque fois de qui il s'agit pour « la situer ». Notre capacité de mémorisation est limitée, surtout quand nous lisons un texte où beaucoup de personnages apparaissent.

Au cours de votre première lecture, vous avez sans doute retravaillé plusieurs phrases. Si certaines vous semblent encore trop longues, vous pouvez les couper en deux, voire en trois (en utilisant le point ou le point-virgule), ou en supprimer quelques mots inutiles. Votre texte gagnera en densité et, souvent, en clarté : vos lecteurs vous diront merci !

Comment pourriez-vous alléger la phrase suivante ?

« Cet épisode, outre les disputes et les brouilles qui en furent la conséquence immédiate, entraîna des bouleversements dans la propriété qui favorisèrent la survenue de cet événement désastreux qui marqua la seconde moitié du siècle : la faillite. »

Pour raccourcir et alléger vos phrases, évitez aussi l'accumulation de pronoms relatifs (« qui », « que », « dont », « à laquelle », etc.). En tant que lecteur, vous avez pu constater que ces constructions amenaient souvent à revenir en arrière pour saisir le propos. Trouvez-vous agréable d'interrompre ainsi votre lecture ? D'une manière générale, le sujet et le verbe ne doivent pas être séparés par plus de dix mots.

---

1. Gustave Flaubert, *Bouvard et Pécuchet*, Gallimard, coll. La Pléiade, 2001, p. 719.

Pensez aux énumérations

Certaines phrases gagnent à être transformées en énumération, comme nous le voyons dans l'exemple suivant.

« François et Marie eurent cinq enfants, tous nés à Saint-Just. Vint d'abord Anne, décédée dix jours après sa naissance en 1772, puis Pierre, né au printemps 1774 et qui est notre ancêtre direct, Françoise, née en 1776 et qui se mariera à 24 ans avec un papetier, Pierre, né en 1779, qui deviendra curandier et se mariera avec une couturière, et enfin Paule, qui vit le jour en 1783 et dont nous avons perdu la trace. »

La forme ci-dessous ne vous semble-t-elle pas plus claire ?

François et Marie eurent cinq enfants, tous nés à Saint-Just :

- Anne, en 1772, décédera dix jours après sa naissance ;
- Pierre, au printemps 1774, est notre ancêtre direct ;
- Françoise, en 1776, se mariera à 24 ans avec un papetier ;
- Pierre, en 1779, deviendra curandier et se mariera avec une couturière ;
- Paule, en 1783, dont nous avons perdu la trace.

Jouer avec les tournures

Une syntaxe correcte rendra votre texte plus facile à lire et à comprendre. Certaines phrases grammaticalement justes sont néanmoins mal construites, et peuvent créer ambiguïté ou confusion : « Il a été arrêté par les gendarmes en état d'ébriété. » Cet exemple amusant ne doit pas vous faire oublier que les tournures de ce genre sont très fréquentes : essayez de les pister en vous relisant !

Jouer avec les tournures signifie aussi varier la construction de vos phrases. Nous l'avons déjà souligné, celles-ci ne doivent pas toutes être écrites sur le même modèle afin d'éviter la monotonie. Évitez par exemple : « Léonard et Pétronille se sont mariés le 5 novembre 1840.

Ils se sont installés à Bordenave. Ils ont eu leur premier enfant le 3 novembre 1841. Ils l'ont appelé Jean... »

Trouver une bonne tournure vous demandera parfois du temps. Mais cela en vaut la peine, vous ne trouvez pas ?

En avant la musique !

Pour donner du rythme à votre texte, retravaillez-le de façon à alterner phrases courtes et phrases longues. Dans le même ordre d'idées, insérez de temps à autre des phrases interrogatives ou exclamatives. Vous créerez ainsi des effets de rupture et réveillerez l'attention de vos lecteurs.

La ponctuation est un autre outil précieux pour imprimer un rythme, une musicalité à votre texte. Grâce au point, à la virgule et au point-virgule principalement, vous instaurez des pauses plus ou moins longues.

Nombre de mots dans une phrase et de syllabes dans un mot, sonorités (« Il faut qu'on comprenne » n'est pas du plus bel effet) : voilà qui participe de la musique d'un écrit et se travaille. Une phrase peut être grammaticalement correcte mais bancale à l'oreille. Vous pouvez vous inspirer de Flaubert, qui passait ses textes à l'épreuve du « *gueuloir* » : lisez votre prose à haute voix et, si nécessaire, modifiez la partition.

La justesse, c'est aussi celle de votre ton personnel, de votre style. Ce que vous avez écrit, est-ce vraiment vous ? Lisez votre texte à voix haute en vous enregistrant. Réécoutez : vous entendrez tout de suite ce qui est vraiment de vous (tournures, vocabulaire, intonations, sonorités, etc.) et ce qui ne vous appartient pas. Reprenez votre écrit en n'y faisant entendre que votre voix... sans excès et sans oublier les règles minimales de la langue. Gardez aussi à l'esprit que développer son style, c'est s'enrichir de celui des autres. Ne vous enfermez pas dans ce que vous pensez être votre style.

Le code de la langue

Grammaire, orthographe et ponctuation favorisent la compréhension d'un texte. Une construction maladroite, une faute d'accord ou de concordance des temps, un mot mal orthographié peuvent changer le sens d'une phrase ou, du moins, entraîner une ambiguïté. La correction de l'orthographe n'est donc pas seulement *« de respect, comme une sorte de politesse*[1] *»*.

Quant à la ponctuation, elle est souvent négligée. Or, une « simple » virgule peut totalement modifier le sens d'une phrase (voir p. 26).

Sans tomber dans le purisme, relisez attentivement votre texte pour débusquer tout ce qui pourrait nuire à la communication de votre pensée. N'hésitez pas à vous aider d'un dictionnaire ou d'un manuel (voir bibliographie p. 25 et p. 157) : ils sont faits pour ça !

En résumé

- Ne gardez que les mots utiles et choisissez-les avec soin.
- Coupez, allégez vos phrases.
- Variez les tournures et la longueur des phrases.
- Vérifiez la syntaxe et l'orthographe.
- Ajoutez et diversifiez les signes de ponctuation.
- Pensez à vos lecteurs !

Tout en évitant certains écueils :

- ne tombez pas dans un style trop sec ;
- ne fabriquez pas trop votre texte, conservez une certaine spontanéité ;
- ne versez pas dans un perfectionnisme excessif ; le piège est de s'éparpiller et de corriger sans fin.

Soyez simple, clair et précis : c'est ce qu'attendent vos lecteurs.

---

1. Alain, *Propos sur l'éducation*, PUF, 2005, p. 126.

Habiller votre récit

Votre texte est écrit et même peaufiné. Vous pouvez être fier. Ce document fondateur, qui vous a demandé tant de travail, mérite d'être habillé par quelques « accessoires » qui achèveront de le mettre en valeur.

L'introduction et la conclusion générales

L'introduction

Un livre[1] commence généralement par une introduction. Pourtant, vous rédigerez celle-ci à la fin, une fois que vous connaîtrez bien votre texte : celui-ci ne ressemble peut-être pas à celui que vous pensiez d'abord écrire.

Votre introduction peut contenir divers éléments, sur une ou deux pages :

- la présentation de votre livre, de ce que le lecteur va y trouver ;
- les idées principales, le résumé du parcours de votre famille (évolution sociale favorable ou défavorable, stabilité géographique ou importance des migrations, etc.) ;
- la raison de vos recherches et la façon dont vous les avez menées. Le cas échéant, quelques anecdotes saillantes qui les ont marquées ;
- l'objectif que vous souhaitez atteindre à travers ce livre ;
- l'annonce du plan.

L'introduction doit donner envie de lire votre texte, mais sans fausses promesses !

La conclusion (ou épilogue)

Votre texte ne doit pas s'achever en queue de poisson ! Par la conclusion, vous mettez fin, en douceur, au voyage de vos lecteurs arrivés à bon port.

---

1. Tout comme d'ailleurs les parties et les chapitres de votre texte.

Vous pouvez y résumer ce que vous avez écrit, ou dresser le bilan de l'histoire familiale (tout en vous gardant bien de porter des jugements). Si vos lecteurs ne devaient en retenir que les principaux éléments, quels seraient-ils ? N'hésitez pas à répéter ou à expliciter ce qui, pour vous, semble évident. Ce petit travail de synthèse renforcera votre propos et facilitera sa mémorisation.

Mais ne vous arrêtez pas là : la conclusion n'est pas un point final. Elle doit au contraire dégager des perspectives. Par exemple, en ouvrant un espace de réflexion ou en émettant des souhaits pour l'avenir.

Les titres

Voici un aspect à soigner : les titres sont, bien souvent, la première chose que liront celles et ceux qui ouvriront votre livre. Donnez-leur envie d'aller au-delà et de se plonger dans le texte !

Vous avez peut-être inséré des titres en cours de rédaction ; vous conviennent-ils toujours ? Il est temps de les réexaminer pour évaluer leur qualité et leur pertinence.

Pour que vos lecteurs distinguent les différents niveaux de titres et de sous-titres, leur numérotation n'est pas indispensable ; il vous suffit de jouer avec la grosseur des caractères, le gras ou l'italique.

Le titre général

Le titre du document doit provoquer l'envie de lire votre texte. Il doit également en refléter le ton (informatif, poétique, etc.), le style et le contenu même.

Voici des titres aux tonalités variées :

- Histoire de la famille C. du XVIIe siècle à nos jours
- Mamie, raconte !
- Deux siècles d'or
- Une famille pas si ordinaire
- Splendeurs et misères de la famille T.

* Les sombres héros de la mer

Prenez garde aux jeux de mots, l'effet n'est pas toujours réussi !

Respectez aussi votre personnalité, en choisissant un titre qui vous ressemble. Néanmoins, privilégiez les titres courts (5-6 mots au maximum) et incitatifs.

> **Pour choisir le titre de votre livre de famille, réfléchissez à l'idée générale que vous voulez faire passer. Écrivez-la, puis notez tous les termes et expressions en rapport. Procédez par association d'idées, correspondances et affinités de mots. Ne vous censurez pas ! C'est en accueillant tout ce qui vous vient à l'esprit que vous trouverez la bonne formulation.**

Les sous-titres

Pour vos parties et vos chapitres, différentes tonalités sont également possibles. Essayez malgré tout :

* de trouver des titres accrocheurs (mais non racoleurs), qui susciteront l'envie de vous lire ;
* de conférer une homogénéité de ton à l'ensemble de vos titres et sous-titres.

Voici par exemple les titres des chapitres *D'une minute à l'autre*, premier tome de l'œuvre de Jean Delay déjà citée :

« *La Raquette d'or*

Une gouvernante et la vie dévote

Le commissaire Gaigny, échevin

Ceux de la Cité

Une suivante au Marais

Le cousin du Mail[1] »

---

1. Jean Delay, « D'une minute à l'autre », *op. cit.*

Les titres des sous-chapitres de Jean Delay présentent eux aussi une certaine harmonie. Par exemple, pour le chapitre « En Révolution » du tome 4 :

« Voisins du Palais-Royal

Journées de 89

Ruine de Jean Devaux

Le ci-devant duc de Gramont

Palissot chez les Jacobins

Charles-Maurice, garde national

Où l'on retrouve Durosoy

Aux Tuileries, le 20 juin

Le député François de Neufchâteau

Capet, chrétien et martyr[1] »

Voici d'autres exemples variés qui pourront vous inspirer :

- Les années 1920
- Mes grands-parents maternels
- Éprouvantes années de guerre
- Un si joli village
- L'homme de l'émergence
- Une vie de femme libre

Les intertitres

Comme leur nom l'indique, les intertitres sont des titres intermédiaires. En l'occurrence, ils sont placés entre deux paragraphes d'un chapitre.

---

1. Jean Delay, « D'un siècle à l'autre », *op. cit.*

Voici quelques exemples d'intertitres :

- Une véritable expédition

- Très heureuse au carmel

- Un tournant

- Honte et scandale

- Certificat de bonne conduite

- « Sans père connu »

Ils constituent une respiration, tant pour la vue que dans la lecture même. Vous veillerez donc à en mettre au moins un par page.

Pour rédiger un intertitre, la technique est très simple. Choisissez, dans les deux paragraphes qui le suivront immédiatement, des termes évocateurs ou chargés d'information. Ces mots seront capables de maintenir ou de stimuler l'intérêt de vos lecteurs, ou bien d'accrocher l'œil de ceux qui feuillettent votre texte… pour leur donner envie de s'y plonger.
Reprenez ces mots sans faire de phrase.

Illustrer votre livre

Même si vous pouvez vous en passer, les illustrations vous aideront, bien sûr, à faire vivre votre récit et agrémenteront sa lecture. Sans compter qu'une image vaut parfois mille mots !

Il s'agira par exemple de :

- documents officiels ;

- images d'archives ;

- photos ;

- correspondance (lettres, cartes postales, etc.) ;

- documents montrant l'écriture de vos ancêtres ;

- graphiques, schémas ou tableaux ;

- dessins, plans, cartes ;

- coupures de presse.

Sans oublier des tableaux généalogiques partiels en début de partie ou de chapitre, voire au fil du texte, pour permettre à vos lecteurs de se repérer.

Dans tous les cas, n'oubliez pas l'indispensable légende !

Par ailleurs, vous respecterez notamment :

- le droit d'auteur, si vous diffusez votre livre hors du cercle de famille[1] ;

- les règles de réutilisation d'archives publiques. Pour utiliser des informations détenues par un service d'archives, vous devez signer[2] la licence que celui-ci a peut-être mise en place. En général, cette formalité suffira si vous rediffusez gratuitement les images. Mais les conditions diffèrent d'un service à l'autre : renseignez-vous !

À la périphérie

La dédicace et l'épigraphe

Elles ne sont pas indispensables, mais peut-être voudrez-vous marquer ainsi le début de votre texte.

L'épigraphe est une « *citation placée en tête d'un livre, d'un chapitre, etc., pour en indiquer l'esprit ou l'objet*[3] ». Bien évidemment, n'oubliez pas d'en préciser l'auteur.

---

1. Pour l'état de la législation, voir www.culture.gouv.fr/culture/infos-pratiques/droits/index.htm.
2. Vous pouvez le faire par voie numérique.
3. Définition du dictionnaire Larousse.

Les remerciements

Les remerciements peuvent être insérés en début ou en fin d'ouvrage. Si vous décidez d'en faire, veillez à n'oublier personne...

Le sommaire

Le sommaire, placé avant le texte, présente la structure d'ensemble du document en s'en tenant à deux niveaux de titres : parties et chapitres ou, si vous n'avez pas de parties, chapitres et sous-chapitres.

Le glossaire (ou lexique)

Nous l'avons vu, vous rendrez un grand service à vos lecteurs – et donc à votre texte – si vous expliquez les mots peu usuels que vous avez employés.

Si une dizaine au moins de ces termes reviennent régulièrement au fil du récit, vous pouvez les réunir dans un glossaire, sorte de mini-dictionnaire. Le cas échéant, vous y adjoindrez les sigles et les abréviations peu courants.

De préférence, vous placerez cette liste en début d'ouvrage, avant l'introduction. Dans le texte, les mots concernés seront suivis d'un astérisque. Cela ne doit pas vous empêcher de les expliquer au moment où ils apparaissent pour la première fois dans le texte (entre parenthèses ou en note de bas de page). Vos lecteurs apprécieront !

Les annexes

Vous pouvez rassembler, dans des annexes, des informations ou des documents qui encombreraient inutilement le texte principal. Il peut s'agir d'arbres généalogiques, de chronologies, de tableaux statistiques ou montrant les relations entre l'histoire de votre famille et l'histoire générale, de schémas, de plans, de lettres, de recettes de cuisine emblématiques de votre famille...

Où indiquer les références archivistiques ?

Pour étayer vos propos, vous devez préciser la source de vos informations :

- au fil du texte, de préférence en note de bas de page, lorsque vous évoquez un fait particulier ;
- et/ou à la fin de votre document, dans une rubrique spéciale où vous mentionnerez l'ensemble de vos sources, classées par personnage ou autre.

Vous préciserez quelles archives personnelles ou familiales vous avez utilisées, et l'endroit où vos lecteurs pourront les trouver.

De même, vous indiquerez les références des archives publiques (lieu, cote) sur lesquelles vous vous êtes appuyé. Par exemple : AD Charente, 3 E 32632, 13 septembre 1811. Contrat de mariage entre Léon B. et Madeleine G., minutes de maître Ragutaud, notaire impérial à Angoulême.

La bibliographie

Pour vos lecteurs qui veulent aller plus loin (et par courtoisie pour les auteurs), vous indiquerez les ouvrages que vous avez utilisés pour composer votre écrit. Vous mentionnerez aussi les textes qui concernent de près ou de loin l'histoire de votre famille : leur région ou leur village, leur métier, le contexte historique…

Pour les références de livres, vous préciserez l'auteur, le titre (en italique), l'éditeur et la date de publication, ainsi que toute autre information utile.

Exemple : Anne-Marie Garat, *Photos de familles : un roman de l'album*, Actes Sud, 2011.

Pour les articles de revue, vous indiquerez le nom de l'auteur, le titre de l'article (entre guillemets), le nom de la revue (en italique), le numéro et la date de parution.

Exemple : Sylvie Mouysset, « Les livres de raison ou l'invention du quotidien », *Revue française de généalogie*, n° 178, octobre-novembre 2008, pp. 13-16.

Harmonisez la présentation de ces références et classez-les par ordre alphabétique d'auteur. Si elles sont nombreuses, vous pouvez d'abord créer des rubriques thématiques.

L'index

Vos lecteurs souhaiteront pouvoir facilement retrouver les personnes et les lieux qui les intéressent. Aussi apprécieront-ils qu'un index alphabétique les renvoie aux pages concernées.

Les logiciels de traitement de texte possèdent une fonction d'index automatique. Mais vous devrez préalablement déterminer les termes indexés, puis contrôler le résultat obtenu : tout comme la correction automatique, ce système a ses limites… En particulier, la liste alphabétique de l'index ainsi créé peut s'avérer déroutante. De plus, certains renvois ne seront pas forcément pertinents ; vous devrez supprimer ceux qui dirigent vers une page citant bien le mot recherché mais n'apportant pas d'information !

La table des matières

Contrairement au sommaire, la table des matières, placée en fin d'ouvrage, précise le contenu détaillé du plan, avec toute la hiérarchie des titres et des sous-titres ainsi que, bien sûr, le numéro des pages correspondantes.

Pour l'élaborer, vous pouvez utiliser votre logiciel de traitement de texte.

Et pour finir...

Pourquoi ne pas laisser quelques pages vierges en fin d'ouvrage ? Vos lecteurs pourront y prendre des notes… prémices, peut-être, d'une suite donnée à votre œuvre !

Conclusion

Parvenu au terme de ce livre, vous avez tous les outils en main pour écrire l'histoire de votre famille à travers les années et les siècles.

Si vous décidez de réaliser ce beau projet, vous relirez peut-être certaines pages de ce guide, y trouverez des réponses à vos questions ainsi que des encouragements.

C'est en tout cas mon souhait : que cet ouvrage vous accompagne tout au long de votre travail et vous aide à écrire, à votre tour, la « conclusion ».

Bibliographie sommaire

Sur l'écriture (en plus des ouvrages cités chapitre 2)

Jean-Pierre Colignon, *Difficultés du français*, Librio, 2004.

Jean-Pierre Colignon, *Je n'aperçois qu'un P à apercevoir… et 100 autres moyens mnémotechniques pour ne plus faire de fautes*, Les Éditions de l'Opportun, 2010.

Jean-Pierre Colignon et Pierre-Valentin Berthier, *La Pratique du style : simplicité, précision, harmonie*, De Boeck-Duculot, 2006.

Dane Cuypers, *Question de style*, éditions du CFPJ, 2e édition, 2011.

Jacques Drillon, *Traité de la ponctuation française*, Gallimard, coll. Tel, 1991.

Charles Maccio, *Savoir écrire un livre, un rapport, un mémoire…*, Chronique sociale, 5e édition, 2007.

François Richaudeau, *Écrire avec efficacité*, Albin Michel, 1992.

Faly Stachak, *Écrire, un plaisir à la portée de tous. 350 techniques d'écriture créative*, Eyrolles, 2004.

Louis Timbal-Duclaux, *Le Travail du style littéraire*, Écrire aujourd'hui, 4e édition, 1997. Surtout les chapitres 6 (« Les techniques de lisibilité ») et 7 (« Le travail du style littéraire »).

Sur la vie de nos ancêtres

Philippe Ariès, *Essais sur l'histoire de la mort en Occident*, Le Seuil, coll. Points, 1975.

Jean-Louis Beaucarnot, *Qui étaient nos ancêtres ?*, J'ai lu, 2004.

Jean-Louis Beaucarnot, *Comment vivaient nos ancêtres*, J'ai lu, 2008.

Jean-Louis Beaucarnot, *Entrons chez nos ancêtres*, Jean-Claude Lattès, 2010.

Daniel Boucard, *Dictionnaire illustré et anthologie des métiers, du Moyen Âge à 1914*, Jean-Cyrille Godefroy, 2008.

André Burguière et al., *Histoire de la famille*, tome 3 « Le choc des modernités », LGF, 1994.

Georges Duby, *Histoire de la France rurale*, Le Seuil, coll. Points, 1999. Surtout les tomes 3 (« De 1789 à 1914 ») et 4 (« Depuis 1914 »).

Norbert Elias, *La Civilisation des mœurs*, Pocket, 2003.

Geneviève Fraisse et Michelle Perrot (dir.), *Histoire des femmes en Occident*, tome IV, Plon, 2002.

Histoire de la vie privée (ouvrage collectif), Le Seuil, coll. Points, 1999. Surtout les tomes 4 (« De la Révolution à la Grande Guerre ») et 5 (« De la Première Guerre mondiale à nos jours »).

Hors-séries de la *Revue française de généalogie* (sur les métiers, la musique autrefois…).

Journal de la France et des Français. Chronologie politique, culturelle et religieuse de Clovis à 2000, Gallimard, coll. Quarto, 2 volumes, 2001. Cette somme vous sera utile si vous souhaitez replacer vos ancêtres dans la « grande » histoire.

Marie-Odile Mergnac et al., *Les Métiers de nos ancêtres*, Archives & Culture, 2006.

Béatrice de Villaines et Hugues de Champs, *Les Saisons de la vie. Traditions familiales et moments privilégiés du Moyen Âge à nos jours*, La Renaissance du livre, 2002.

Guides de généalogie

Jean-Louis Beaucarnot, *Réussir sa généalogie*, Marabout, 2006.

Gildas Bernard, *Guide des recherches sur l'histoire des familles*, Archives nationales, 1988 (ce grand classique est pour l'instant épuisé).

Nathan Grigorieff, *Construire son arbre généalogique*, Eyrolles, 2004.

Marie-Odile Mergnac, *Débuter une recherche généalogique*, Autrement, 2004.

Remerciements

Je remercie :

Élodie Bourdon, Laure-Hélène Accaoui et Julie Bouillet, des éditions Eyrolles

Ma cousine Laurence Soula, pour sa relecture généreuse et judicieuse

Jérôme Malhache, pour sa révision experte des pages sur les archives

Jordi Navarro, pour ses lumières sur la réutilisation des données des archives publiques

Les cercles généalogiques qui m'ont invitée dans leurs murs

Les personnes qui m'ont autorisée à reproduire des extraits de leur livre de famille ou inspiré des exemples

Celles et ceux qui m'ont apporté un précieux soutien durant ces mois d'écriture

Ma famille présente et passée, à qui j'espère rendre hommage à travers ces pages

Ma mère… pour tout

La vie, pour m'avoir fait rencontrer Bernard, Jean-Louis et Sylvie